http://www.lotharhutz.de

„Bücher sind Schiffe, welche die weiten Meere der Zeit durcheilen"

Sir Francis Bacon (1561 - 1626)

Die Erzählungen widme ich:

Jasper
Astrid
Markus

Lampertheim 2014

1. Auflage
Verlag und Herausgeber: Sprudelkiste.com Domenic Gleißner

Inhalt: Lothar Hutz
Illustrationen: Lukas Göck
Konzeption, Layout und Umschlaggestaltung: Domenic Gleißner
ISBN: 978-3-00-045681-7
http://www.lotharhutz.de

HUTZ MACHT ERNST

von Lothar Hutz

Zu diesen Erzählungen

Warum und wieso macht Hutz Ernst? Wenn man sagt, jemand macht Ernst, ist es wirklich eine ernste Angelegenheit. Zum Beispiel macht ein Sportler Ernst, wenn nach wochenlangem Training der Wettkampf beginnt. Ein anderes Beispiel ist der Schüler, der ins Abitur geht. Die ganze Zeit vorher war er ein mittelmäßiger Schüler, aber jetzt will er wirklich Ernst machen. Die Zeit der Bewährung ist gekommen. Ein Mensch, der Geschichten schreibt, also ein sogenannter Schriftsteller, kann auch Ernst machen. Nach monatelangem, vielleicht sogar jahrelangem Nachdenken, Recherchieren, tollen Einfällen, aber auch Wegwerfen von beinahe fertigen Manuskripten („Wie konnte ich nur so einen Schund schreiben?") kommt einmal der Punkt, an dem man Ernst macht. Die Geschichte muss zu Papier gebracht werden, mit dem Computer geschrieben werden oder, wie man früher sagte, in die Schreibmaschine gehämmert werden.

Im englischen Wörterbuch findet man unter „mit etwas Ernst machen" die Übersetzung: „to carry s.th.out, to put s.th.into effect". Das heißt also, es soll etwas ausgeführt und eine Wirkung oder ein Ergebnis erzielt werden. Die vorliegenden Kurzgeschichten sind das Resultat eines Schreibers, der Ernst gemacht hat in dem Sinne, dass ein Effekt erzielt werden soll. Ein Effekt könnte zum Beispiel sein, dass man seine Alltagsprobleme für einen Augenblick vergisst und entspannt einige Facetten des menschlichen Lebens an sich vorbeiziehen lässt. „Ernst machen" soll nicht heißen, dass alles in den Geschichten ernst oder seriös gemeint ist. Im Gegenteil, vieles in den Geschichten ist ironisch und nicht so ernst gemeint. Gute Beispiele dafür sind die beiden Erzählungen aus den USA. Sie zeigen typisch amerikanische Verhaltensweisen, natürlich aus europäischer Sicht. Das Kapitel Jahreszeiten beschäftigt sich nicht so viel mit klimatischen Eigenheiten, sondern mit menschlichem Verhalten. Das „Unheimliche" gibt es überall. Beispielhaft sind es hier die Länder

Schweden und Kroatien, Südtirol und die Kanalinsel Jersey. Ebenso gehört kriminelles Denken und Handeln zum alltäglichen Leben, manchmal ziemlich harmlos, aber ab und zu geht es auch um Leben und Tod und zwar dort, wo man es eigentlich nicht erwartet hätte (siehe Geschichte: Die Kardinäle). Unter der Überschrift „Familie" findet der Leser/die Leserin die beiden Geschichten „Der Kleine Buddha" und „Geburtstagsparty". Der kleine Buddha ist hier ein kleiner Junge aus dem Odenwald, die Geburtstagsparty findet in einem Hotel in St.Helier auf der Insel Jersey statt. Die Erzählungen aus München und Berlin beschäftigen sich mit jungen Menschen, die noch ihre Identität suchen, aber auch die Unbeschwertheit der Jugend widerspiegeln. Typische Alltagsgeschichten sind die Erzählungen „Der Einkauf" und „Die Rentner".

Bei den vorliegenden „stories" ist versucht worden, sich auf Augenblicke, Situationen, Begebenheiten zu konzentrieren, die gar nicht so ungewöhnlich sind, aber merkwürdig genug, um das Interesse der Leserschaft zu erregen.

Fast immer steht der Alltag mit seinen Tücken und nicht vorhersehbaren Zufällen im Vordergrund. Alle Erzählungen stammen aus der Feder von Lothar Hutz, mit Ausnahme der Geschichte „Blau-Gelb", ausgedacht von Christopher Hutz.

Abschließend bedanke ich mich bei dem Team Domenic, Marius, Lukas und Luca, die immer für tolle Einfälle gut waren.

Über den Autor

Lothar Hutz, geb. 1947 in Herdecke an der Ruhr. Der Autor ist pensionierter Oberstudienrat und lebt gemeinsam mit seiner Frau in Zwingenberg an der Bergstraße (Hessen). Er studierte Anglistik und Geographie in Frankfurt/Main. Während seiner Studienzeit war er als Lehrer an einer Schule in Wiltshire (England) tätig. Auslandsaufenthalte an Schulen in Wisconsin (USA) und Victoria (Australien) folgten. Seit 2007 schreibt Lothar Hutz Kurzgeschichten. 2009, 2010 und 2013 nahm er an Schreibwettbewerben des „buchjournals" teil. (Hrsg.: Börsenverein des Deutschen Buchhandels.)

Bisherige Veröffentlichungen:
Beiträge in der Anthologie „Neue Literatur", Herbst 2008 – 2010 u. Frühjahr 2011, August von Goethe Literaturverlag, Frankfurt/Main.
und
„Menschlich" von Lothar Hutz, 2012. ISBN 978-3-00-037253-7

INHALTSVERZEICHNIS

Quelle: Illustration aus „Thalia Magazin“ 04/2013

„DIE IDEE VON EINER WIRKLICH GUTEN IDEE,
IST DIE IDEE VON EINEM SCHRIFTSTELLER,
BEIM VERSUCH, EINE WIRKLICH GUTE IDEE
ZU ENTWICKELN, DASS
AUS DEM UMSTAND
IHM KEINE WIRKLICH GUTE IDEE EINFÄLLT."

DER EINKAUF

Gerade ist erst der Winterschlussverkauf beendet, da startet schon die nächste Verkaufsaktion. Einkaufsgutscheine flattern ins Haus, Kaufhäuser locken mit reduzierten Preisen. Noch nie war es so günstig.

Frau Maier schaut schon die ganze Woche sehnsuchtsvoll auf den einen Gutschein, der 30 Euro Rabatt verspricht (Das Kleingedruckte besagt aber, Reduzierung gibt es nur bei einer Rechnung von über 200 Euro!). Frau Maier weiß das natürlich, ignoriert aber diesen Hinweis standhaft. Das wahre Problem ist jedoch Herr Maier. Wie kann sie ihn überzeugen, mit ihr einkaufen zu gehen? Da kommt ihr die zündende Idee. Ihr geliebter Ehemann benötigt unbedingt neue Unterwäsche, ein kombinierter Einkauf ist die Lösung. „Schatz, deine Unterhosen bestehen nur noch aus Löchern, wir müssen am Wochenende unbedingt nach Darmstadt. Das Kaufhaus ‚Schulze & Spitz' hat tolle Sonderangebote, gerade was Unterwäsche angeht." Sie weiß natürlich aus Erfahrung, dass ihr geliebter Ehemann ein „Sparbrötchen" ist. Jedes Sonderangebot im OBI Baumarkt wird sorgfältig mit mindestens drei anderen Angeboten diverser Baumärkte verglichen. „Na gut, Liebling, wenn es eine gute Gelegenheit ist, können wir ja fahren." Frau Maier frohlockt, die erste Hürde wäre genommen.

Samstag, Punkt 10 Uhr, betritt das Ehepaar Maier das Kaufhaus „Schulze & Spitz". Frau Maiers Augen strahlen, Herr Maier sieht dagegen etwas mürrisch aus. Das Kaufhaus hat sich wirklich Mühe gegeben, Abteilungen und Regale sehen ansprechend aus, die Verkäuferinnen und Verkäufer sind freundlich und zuvorkommend, sogar Herr Maier ist von der Atmosphäre angetan. „Schatz, geh schon einmal in die Männerabteilung im Souterrain, ich komme gleich nach, ich schau mich mal um." Herr Maier hätte gewarnt sein müssen, immer wenn seine Frau „sich mal umschaut", hat seine Kreditkarte zu „leiden". Aber heute lässt sich Herr Maier einlullen. Brav geht er in die Männerabteilung und sucht nach den passenden Unterhosen. In der Zwischenzeit ist Frau Maier in die verführerische Einkaufswelt eingetaucht. Alles ist vergessen, das ständig überzogene Konto und das Grummeln ihres geliebten Ehemanns. Mittlerweile sind mindestens 10 Sommerhosen, 20 dazu passende oder auch nicht passende Blusen und Oberteile anprobiert worden. Frau Maier entscheidet sich schließlich für eine pinkfarbene Hose kombiniert mit einer knallgrünen Bluse. Die nette Verkäuferin versichert ihr, die Farben würden hervorragend harmonieren, ihr Mann wäre bestimmt verzückt. Frau Maier lässt sich mehr oder weniger widerstandslos überzeugen. In der Zwischenzeit ist Herr Maier nicht mehr in der Männerabteilung sondern an einem Imbissstand gelandet, wo eine bezaubernde Verkäuferin einen wirklich guten Weißwein aus Südtirol zusammen mit einer Käseplatte anbietet. Der Wein ist köstlich, Herr Maier ist guter Dinge und fängt doch tatsächlich an zu flirten. Frau Maier, die schon die ganze Zeit hinter einer Säule gestanden hat, ist verständlicherweise nicht mehr so guter Laune. Kaum lässt man seinen Ehemann aus den Augen, beschäftigt er sich mit jungen Damen. „Schatz, hast du passende Unterhosen gefunden, du weißt ja, du bist ein bisschen dicker um den Bauch geworden," platzt sie in Herrn Maiers angeregte Unterhaltung. Herr Maier läuft rot an. Er schaut doch jetzt ganz schön verlegen aus. „Ja ja, habe alles gefunden."

Die junge Verkäuferin lächelt nur milde und wünscht noch einen guten Tag. Herr Maier ist wegen der Flirterei schuldbewusst und bezahlt ohne zu mucken an der Kasse einen Betrag von 250 Euro (seine Unterwäsche hat genau 39,90 Euro gekostet). „Schatz, da haben wir doch ein tolles Schnäppchen gemacht, nicht wahr?" Herr Maier hat da doch seine Zweifel, verzichtet aber auf einen Kommentar. Seine geliebte Ehefrau hat ihn mal wieder ausgetrickst.

DIE RENTNER

Es ist 9:15 Uhr, Frühstückszeit. Die ganze Nacht hat es geregnet. Sonnenstrahlen durchbrechen zaghaft die Regenwolken. Vor dem Schnellimbiss „Zur Leberwurst" stehen drei Bistrotische. Eine Angestellte putzt sie eilfertig trocken. Die ersten Rentner werden in zehn Minuten anrücken, um ihr Frühstück einzunehmen. Sie treffen sich pünktlich jeden Morgen, um die preisgünstigen Angebote auszunutzen und sich von ihren früheren Heldentaten zu erzählen. Alle vermissen das Berufsleben, obwohl sie den Ruhestand herbeigesehnt haben. In den letzten Jahren war der Stress immer drückender geworden. Alles musste möglichst schnell erledigt werden, diverse Kaffee-, Tee- oder Raucherpausen waren gestrichen worden. Aber trotzdem: der Tag war strukturiert und ausgefüllt. Jetzt musste man selbst Struktur in den Tag bringen. Manchmal zog sich der Tag wie Kaugummi hin, man fing an zu grübeln und seiner Ehefrau auf die Nerven zu gehen. Alfred, Manfred, Klaus und Peter waren alle in der gleichen Firma beschäftigt gewesen. Heute hat sich Alfred etwas Revolutionäres vorgenommen. Er wird seinen Kumpels vorschlagen, eine eigene Firma zu gründen.

„Jungs, ich habe die Schnauze voll, wir gründen eine Firma. Wir waren alle gute Mechaniker, wir werden einen Reparaturbetrieb für Küchengeräte aufmachen. Das ist eine Marktlücke, die Leute werfen viel zu viel weg und kaufen andauernd neue Geräte. Meine leer stehende Garage ist prima als Werkstatt geeignet." Manfred, Klaus und Peter schauen sich zunächst verdutzt an. Aber dann sind sie von der Idee begeistert. Die Sonne scheint gleich viel heller und Peter, der notorische Geizkragen, schmeißt eine Extrarunde Leberwurstbrötchen. Zur Feier des Tages bestellt er die feine und nicht die grobe Wurst.

Hoffentlich werden unsere Rentner auch morgen noch so optimistisch sein.

DER GENERAL

Er war immer der beste gewesen, auf der Highschool, am College und auf der Militärakademie. Natürlich waren es die bekannteste Highschool, das anspruchsvollste College und die renommierteste Militärschule des amerikanischen Südens, genauer gesagt des States South Carolina. General Tom Taylor hatte es zum Kommandeur des „Marine Corps Recruit Depot" der „Marine Corps Air Station" und des „U.S. Naval Hospital" in Beaufort, einer Kleinstadt an der Küste South Carolinas gebracht. Beaufort hat eine lange militärische Tradition, die bis in den amerikanischen Bürgerkrieg zurückreicht. Heute ist das „Marine Corps Recruit Depot" das größte Ausbildungscamp der amerikanischen Marine.

Tom Taylor war kurz vor seiner Beförderung zum Oberbefehlshaber der amerikanischen Truppen in Afghanistan durch den amerikanischen Präsidenten. Sein Leumund war tadellos, seine Auszeichnungen zahlreich, seine Ehe galt als vorbildlich. Mary, seine Ehefrau, hatte ihm vier tadellose Kinder geschenkt. Sie stammte aus einer sehr bekannten und vornehmen Familie, den Feelgoods. Die männlichen Mitglieder der Familie hatten allesamt in der Armee dem Vaterland gedient. Schon im Unabhängigkeitskrieg hatten sich die Feelgoods ausgezeichnet. Bei allen entscheidenden Schlachten waren Mitglieder der Familie beteiligt gewesen. Die Niederlage der Südstaaten konnten sie trotz herausragender Tapferkeit aber auch nicht verhindern.

Da, wie aus heiterem Himmel, an einem schönen Herbsttag, der „Indian Summer" hatte South Carolina erreicht, brach das Unheil über die Taylors und Feelgoods herein. General Tom Taylor saß in seinem Büro auf seinem Stützpunkt in Beaufort. Er hatte seinen Fernseher eingeschaltet, um sich etwas von seiner eintönigen Büroarbeit abzulenken. Es war gerade Nachrichtenzeit und Tom schaute auf den Bildschirm. „Gerade eben hat uns eine wichtige Nachricht erreicht. Der allseits geschätzte General Tom Taylor wurde gestern, kurz vor Mitternacht, vor dem ‚Nightclub Tropical Island' in der Peach Street in Atlanta (Georgia) zusammen mit einer unbekannten Frau afroamerikanischer Herkunft fotografiert. Der betreffende Reporter hat wohl einige ziemlich eindeutige Fotos geschossen. Wir werden sie weiter informieren." Es war, als wäre Tom von einer Granate getroffen worden. Mit fahlem, bleichem Gesicht, zusammengesackt hinter seinem überdimensionalen Schreibtisch, schaute der General auf den Fernseher. Er hatte überhaupt nicht mitbekommen, dass seine Sekretärin Jane Austen ins Zimmer gekommen war. „Herr General, Sie sehen krank aus, soll ich Ihnen ein Glas Wasser bringen?" - „Nein, ist schon o.k., ich fühl mich heute nicht so gut. Aber sagen Sie alle Termine ab, ich werde gleich nach Hause fahren." Jane schaute etwas erstaunt, Tom Taylor und frühzeitig nach Hause fahren, da musste etwas Besonderes passiert sein! Zehn Minuten später saß Tom in seinem Cadillac, den Chauffeur hatte er beurlaubt. Er fuhr ziellos durch die Straßen von Beaufort, entlang der „Waterfront" in Richtung „Historic District". Heute Morgen war die Welt noch in Ordnung gewesen. Keiner wusste von seiner Affäre mit der bezaubernden Lucy Electric aus Atlanta. Seine Ehefrau Mary war so mit ihren Wohltätigkeitsveranstaltungen beschäftigt, dass sie schon eine geraume Zeit, mehr oder weniger, ihr eigenes Leben führte. Nach außen wurde der Schein gewahrt. Natürlich war seine Karriere jetzt zum Teufel, die Reporter würden ihn ab jetzt nicht mehr aus ihren Fängen lassen. Vielleicht könnte er aber noch seine Ehe retten. So entschloss er sich nach Hause zu fahren und alles zu gestehen. Ihr Anwesen, im „Historic District", war wirklich herrlich. Gerade jetzt, zur Zeit des „Indian Summer", leuchtete das Laub an den Bäumen, die das Haus umstanden, in allen Herbstfarben. Tom Taylor fuhr die lange Allee entlang, hoch zum Hauptportal. Er bemerkte einen großen SUV Marke BMW, der genau vor dem Eingang parkte, es war nicht das Auto seiner Frau. Der General öffnete die Haustür. „Hallo, Schatz, ich bin heute etwas früher." Tom hatte schon die Klinke zum Wohnzimmer in der Hand, als er verdächtige, besser gesagt eindeutige Laute aus dem Schlafzimmer hörte. In der nächsten Sekunde stand er im Schlafgemach und erblickte verblüfft seine geliebte Mary in inniger Umarmung mit seinem Adjutanten Bob Marley. So schnell hatte General Tom Taylor noch nie sein Haus verlassen. Er wollte nur noch weg. Die Welt des hochdekorierten amerikanischen Generals war in kürzester Zeit wie ein Kartenhaus zusammengefallen.

Von diesem schönen, sonnigen Herbsttag an war nichts mehr von den „Taylors“ und „Feelgoods“ zu hören. Tom Taylor wurde aus Altersgründen aus der Armee entlassen und Mary ließ sich scheiden. Sie heiratete Bob Marley, der seinen Dienst quittierte und einen gut bezahlten Job als Hedgefondmanager bei der „Kayman Finance Bank“ antrat. Tom Taylor verließ South Carolina, zog nach Salt Lake City und wurde Mormone. Dort gründete er die “Peppermint Party”, die sich besonders für die traditionellen amerikanischen Werte, Familie, Religion und Nation einsetzen wollte. Für das Jahr 2024 hatte er sich fest vorgenommen, Präsident der USA zu werden. Tom Taylor, der General, war nicht so schnell klein zu kriegen.

DIE LADY UND DAS GEKOCHTE EI

„Ich möchte gerne ein gekochtes Ei." Die Bedienung aus dem Hotel Atlantic in Beaufort, South Carolina, schaut ganz erstaunt. „Sie möchten ein gekochtes Ei zum Frühstück? Sie meinen wohl ein Spiegelei, wir haben aber auch noch Rühreier." „Nein", sagt die Lady, „bitte, ein gekochtes Ei." Miss Mary, die freundliche Bedienung, sieht jetzt etwas verwirrt aus, was diese Lady aus Deutschland wohl meint? Man kann Eier doch nicht kochen, sie können in allen Variationen gebraten werden, mit Speck oder Schinken, mit Kartoffeln oder Bohnen. Miss Mary rattert noch einmal die Speisekarte mit Eiergerichten herunter, sie bemüht sich möglichst klar und deutlich zu sprechen, ohne Südstaatenslang. Die Lady aus Deutschland ist ungerührt. „Ich möchte ein gekochtes Ei!" Miss Mary eilt in die Küche. „Hört mal alle zu. Da will eine Lady ein gekochtes Ei zum Frühstück." Bob, der Koch, Zelda und Cynthia, die beiden Küchengehilfinnen, schauen verdutzt auf. „Ein gekochtes Ei, was ist denn das?" Bob überlegt, gekocht müsste ja etwas mit heiß machen zu tun haben. Kochen kann man im heißen Wasser. Also muss das Ei in kochendes Wasser gelegt werden. „Wir legen das Ei einfach in kochendes Wasser, fünfzehn Minuten dürften wohl ausreichen." Mary schaut Bob voller Bewunderung an, ganz schön clever, dieser Bob. Miss Mary geht zurück in den Frühstücksraum an den Tisch mit der Lady aus Deutschland. „Es wird noch etwa fünfzehn Minuten dauern." Mary versucht so höflich wie möglich zu sein. Die deutsche Lady schaut ziemlich erstaunt, fünfzehn Minuten für ein gekochtes Ei ist ja ein Menge Zeit für ein simples Frühstücksei. Aber sie hat ja Zeit und will sich den Urlaub nicht vermiesen lassen. Eine Viertelstunde später ist es soweit. Bob, Mary, Zelda und Cynthia schauen wie gebannt auf den Topf kochenden Wassers und das vor sich hin schwimmende Ei. Es ist vollbracht. Das ganze Küchenpersonal, mit Mary an der Spitze, geht zum Tisch der Lady aus Deutschland. Alle schauen fasziniert, wie die Lady das Ei vom Teller nimmt, einen Eierbecher gibt es nicht, es aufschlägt und die Schale abpellt. Das Ei ist natürlich steinhart und wirklich bissfest. „Vielen Dank, aber ein gekochtes Ei benötigt normalerweise keine fünfzehn Minuten.

Macht aber nichts, harte Eier schmecken auch." Bob ist erleichtert, seine Ehre als Koch ist gerettet. Diese Europäer sind doch eigenartig. Ein mickriges gekochtes Ei zum Frühstück, was für herrliche Gerichte kann man doch mit Eiern zubereiten. Aber er wird die Speisekarte umschreiben und das sogenannte „German Egg" in sein Repertoire einbauen. Man weiß ja nie, die Deutschen sind unberechenbar. BMW, Mercedes und Audi haben schon die amerikanische Autoindustrie in die Knie gezwungen. Vielleicht wird auch das „German Egg" das traditionelle amerikanische Frühstück verdrängen. Und Bob, der Koch aus dem Hotel Atlantic in Beaufort, South Carolina wird als Erfinder des „German Egg" in die Geschichte der amerikanischen Kochkunst eingehen.

DER KLEINE BUDDHA AUS DEM ODENWALD

Wie kommt eigentlich ein Buddha in den Odenwald? Was soll ein Buddha in dieser rauen Waldlandschaft?

Der kleine Jasper aus dem Bergdorf Unter-Abtsteinach ist ein solcher Buddha, der sich pudelwohl bei Mama und Papa in der schönen, warmen Wohnung fühlt. Im Juni tauchte er auf, lang ersehnt und erwartet von der Mama und dem stolzen Vater. Seitdem hat er viele Herzen gewonnen und verzückt die Omas und Opas.

Im Herbst sollte die Taufe stattfinden. Klingt ja etwas komisch, einen Buddha taufen zu wollen. Kein Problem in den heutigen Zeiten der Globalisierung und so wurde der passende Pastor gesucht. Der auserwählte, junge und ehrgeizige Geistliche war plötzlich Richtung Mainz verschwunden. Was er dort wohl gesucht hatte? Winkte vielleicht die Stelle eines Bischofs oder gar eines Kardinals? Jaspers Mama und Papa hatten sich aber schnell auf die neue Situation eingestellt und engagierten den altehrwürdigen Pfarrer aus Abtsteinach, der auch überhaupt kein Problem darin sah, einen Buddha zu taufen. Er stellte nur die Bedingung, einen zweiten Namen für Jasper zu finden, der im christlichen Abendland gebräuchlich ist. Flugs wurde der Name Christopher, der Vorname des Patenonkels, ausgewählt. Jetzt stand der Taufe nichts mehr im Wege. Jasper Christopher, der kleine Buddha aus dem Odenwald, ließ alles gelassen über sich ergehen, wie es sich eben für einen echten Buddha gehört.

Die neuesten Meldungen aus den waldigen Tälern des Odenwalds besagen, dass der kleine Buddha neuerdings alles anbeißt, anfasst und spitze Freudenschreie ausstößt. Bald wird er wohl durch die Wohnung krabbeln und Mama und Papa damit erfreuen, dass er mal so richtig „aufräumt". Jetzt ist nur noch die Frage zu beantworten, ob Jasper ein kleiner Buddha bleibt oder so groß wie sein Vater und sein Patenonkel werden wird. Die Zukunft wird es zeigen.

GEBURTSTAGS-PARTY

Im „Inn“, das besonders bei den Einheimischen beliebte Restaurant in St. Helier auf der Insel Jersey, im Ärmelkanal vor der Normandie gelegen, findet sich eine kleine Geburtstagsgesellschaft ein. Die lange Tafel ist gedeckt, zwei Luftballons mit der Aufschrift „21st birthday“ schweben wie Bojen über dem Tisch. Eine lange Banderole, auf der „Happy Birthday John“ geschrieben steht, klebt an der Wand. John und seine Freundin Emily haben schon Platz genommen. Emily hat zur Feier des Tages ein besonders ausgeschnittenes Kleid angezogen, ihr Dekolleté kann sich wirklich sehen lassen. Ihnen gegenüber sitzt Johns Lieblingsonkel Ronald, Liebhaber von Tätowierungen. Sein linker Unterarm ist so „bemalt“, dass nichts mehr von seiner hellen, weißen Haut zu sehen ist. Ronald ist rothaarig. Großmutter Agatha und Großvater Tom sind auch gekommen. Agatha hat ihr schönstes Kleid ausgewählt, das mit den Sonnenblumen. Leider regnet es schon den ganzen Tag. Opa Tom trägt seinen schwarzen Anzug, den er jeden Sonntag zum Kirchgang anzieht. Er ist aktives Kirchenmitglied der „Methodist Church of England“ und singt im Kirchenchor der St. George Kirche in St. Helier. Oma Agatha weiß natürlich, dass für ihren Ehemann das Singen nicht so wichtig ist, aber der Besuch im Pub „The Holy Dragon“ nach dem Gottesdienst umso wichtiger.

Johns Vater Harry hat sein bestes T-Shirt mit der Aufschrift „Long live the Queen“ übergestreift. Er ist begeisterter Anhänger des englischen Königshauses, hasst die Europäische Union und hätte am liebsten das britische „Empire“ wieder. John streitet sich häufig mit seinem Vater über seine altmodischen Ansichten über Europa und Great Britain. Johns Mutter ist schon vor zehn Jahren mit einem australischen Schafzüchter durchgebrannt. Seitdem darf in Johns Familie die Worte Australien oder „Down Under“ nicht erwähnt werden. John hat aber heimlich Kontakt mit seiner Mutter aufgenommen, die mitten im „Outback“ von Queensland auf einer riesigen Schaffarm lebt. Sie hat noch drei Kinder bekommen. John will auf jeden Fall mal seine Halbgeschwister kennenlernen. Aber heute ist der ganze Familienzwist vergessen und es soll nur gefeiert werden.

Es sind nun schon zwei Stunden vergangen, die letzten Reste des Menüs werden gerade vom Kellner, einem Einwanderer aus Kenia, weggeräumt. Es gab „Fish and Chips", „Mackerel Burger", „Roast Lamb with Mint Sauce" und als Nachspeise „Summer Pudding" und „Apple Pie with Joe Delucci Ice cream". Der „Summer Pudding", bestehend aus Vanilleeis und Beerenkompott kam nicht so gut an. Das Kompott konnte man wie Kaugummi kauen. Oma Agatha ist inzwischen eingeschlafen und halb vom Stuhl gerutscht. Onkel Ronald kann sie gerade noch auffangen. Vater Harry versucht eine Rede zu halten, was ihm aber nicht richtig gelingt, da Opa Tom andauernd in eine Tröte bläst und John hochleben lässt. John ist so mit Emilys Ausschnitt beschäftigt, dass er nicht viel mitbekommt. Emily ist nur am kichern, da sie dem köstlichen Wein, übrigens australischem Wein, zu sehr zugesprochen hat. Der Kellner aus Kenia beobachtet die Geburtstagsgesellschaft und schüttelt missbilligend den Kopf. Das ist nicht das vornehme englische Benehmen, von dem er in Kenia immer geträumt hat.

Den Schlusspunkt setzt Onkel Ronald, als er den wohl bekannten Song „It´s a long way to Tipperary" anstimmt. John kann leider nicht mitsingen, da sein Kopf fast vollständig in Emilys üppigem Ausschnitt verschwunden ist. Sonst kann man nur feststellen, dass es eine schöne Geburtstagfeier gewesen ist.

BERLIN BY NIGHT

Es ist 22:30 Uhr, im Foyer des Jugendhotels „Hinterm Horizont", im Stadtteil Schöneberg, herrscht reger Betrieb. Gestylte junge Damen und junge Herren, die für ihre Abiturabschlussfahrt das dynamische, für Jugendliche ungemein faszinierende Berlin ausgesucht haben, bereiten sich auf eine aufregende Nacht vor. Eine Sperrstunde gibt es in Berlin nicht, Tag und Nacht gehen ineinander über und verschwimmen.

Die superschlanke Yvonne, normalerweise mit aufgestecktem Haar, lässt ihre prachtvolle Mähne an diesem Abend bis auf die Hüften fallen. Die hochhackigen Stiefel reichen bis zu den Knien, zwischen knallengem Rock und dem Jeansjäckchen schaut der gepiercte Bauchnabel hervor. An ihrem linken Arm baumelt ein rosarotes Handtäschchen. Frau Krause, Klassen- und Deutschlehrerin von Yvonne, schaut etwas missbilligend drein. „Yvonne, weißt du wie kalt es heute Nacht werden wird, du solltest dir zumindest eine warme Jacke mitnehmen." Yvonne reagiert überhaupt nicht, sie hat gerade Klaas-Jan Huntelaar, den coolen Typen aus Amsterdam erspäht, der gestern mit einer holländischen Jugendgruppe eingetroffen ist. Der sieht mal wirklich klasse aus, nicht so langweilig wie Klaus, Peter, Fritz oder Albrecht aus ihrer Klasse. Sein linkes Handgelenk ist tätowiert, im rechten Ohrläppchen glitzert ein Ohrstecker, einfach umwerfend, Yvonne hat sich unsterblich verknallt.

Die Gruppe Jugendlicher schiebt sich aus dem Hotel zur nächsten U-Bahn Station, mittendrin Yvonne und Klaas-Jan. Frau Krause schaut sorgenvoll ihren Schützlingen hinterher. Was ist aus diesen kleinen Buben und Mädchen aus der fünften Klasse geworden? Am liebsten würde sie jetzt mitgehen, um ihre Klasse vor dem Nachtleben des Molochs Berlin zu schützen. Sie wird aber im Hotel bleiben und die halbe Nacht nicht schlafen können, hoffentlich kommen alle heil zurück.
Inzwischen ist man auf dem Weg zum Alexanderplatz, um von da aus Kneipen, Bars und Discos zu erkunden. Yvonne und Klaas-Jan sitzen

nebeneinander in der U-Bahn und kommunizieren eifrig, natürlich mit Touchscreen-Handy und iPhone. Als sich die U-Bahn dem Potsdamer Platz nähert, springt ein Rapper von seinem Platz auf die Plattform zwischen zwei Waggons und erklärt den belustigten Passagieren die Welt im Stakkato. Schnell wird noch etwas Geld eingesammelt, dann ist der Potsdamer Platz erreicht und der junge Mann springt in den nächsten Zug. Kurz bevor die Türen schließen quetscht sich noch ein dünner Mann mit hängendem Schnauzbart in das Abteil. Er trägt eine graue Hose, graues Hemd und einen zerschlissenen grauen Pullover. Seine Wangen sind eingefallen, seine Augen stehen hervor. „Schön juten Abend, meine Damen und Herren. Ich gehöre zu einer Gruppe arbeitsloser Künstler und bitte um eine kleine Spende. Ich möchte sie aber sonst nicht weiter belästigen und wünsche ihnen eine angenehme Weiterfahrt." Die wohl gesetzten Worte kontrastieren mit dem Berlinerisch des Mannes. Die Räder quietschen und die Bremsen kreischen, der Alexanderplatz ist erreicht, der arbeitslose Künstler steigt aus und verschmilzt mit dem grauen Bahnsteig. Das pulsierende Berlin hat ihn verschluckt. Yvonne und Klaas-Jan haben absolut nichts mitbekommen, sind ausgestiegen und treiben inmitten der Jugendgruppe des Hotels „Hinterm Horizont" in Richtung Diskothek. Bald ist das Ziel erreicht, der angesagte Szeneklub „Berlin by Night".

Ein baumlanger, muskulöser Türsteher, Marke Arnold Schwarzenegger, perfektes Produkt der bekannten Muckibude „Steelhammer" aus Berlin-Kreuzberg, vollgepumpt mit Steroiden, begrüßt die Jugendlichen mit den Worten: „Keine Drogen, keine Waffen, kein Alkohol!" Yvonne und Klaas-Jan haben alle Kontrollen überstanden und tauchen in das wogende Geschiebe der sich im Rhythmus der Musik wiegenden Menschenmasse. Berlin macht seinem Ruf als „World-Techno-Capital" alle Ehre. Yvonne ist verzückt, sie lässt sich treiben und schließt die Augen. Noch immer hat sie ihr rosarotes Handtäschchen am Arm hängen. Über der Tanzfläche dreht sich eine riesige Glaskugel, die das Scheinwerferlicht einfängt und in allen Regenbogenfarben reflektiert. Die zuckenden, sich bewegenden, tanzenden Körper sind eine amorphe Masse geworden, ein Individuum ist nicht erkennbar. Als die Technomusik kaum noch zu ertragen ist, öffnet Yvonne ihre Augen. Klaas-Jan ist nicht mehr da. Yvonne drängt an den Rand der Tanzfläche und versucht ihren holländischen Schwarm zu entdecken. Vergebens, in dem von Lichtblitzen nur für ein paar Sekunden erleuchteten Halbdunkel ist jegliches Suchen zum Scheitern verurteilt. Für Yvonne ist der Abend gelaufen, die Magie der Nacht schlagartig verschwunden, sie möchte am liebsten nur noch heulen. Da kommt ihre beste Freundin Chantalle vorbei. „Du siehst ja nicht gerade fröhlich aus, was ist denn los?" „Klaas-Jan ist verschwunden." „Ach, die Holländer haben sich schon verdrückt, sie wollten noch in eine andere Disco. Mach dir nichts draus, die waren sowieso ziemlich eingebildet." Und schon ist Chantalle wieder auf der Tanzfläche. Wenigstens das rosarote Handtäschchen ist Yvonne geblieben, auf das kann sie sich immer verlassen, es ist ihr Rettungsanker. Frustriert eilt sie zur nächsten U-Bahn-Station Richtung Berlin-Schöneberg, von dort will sie so schnell wie möglich ins Jugendhotel zurück. Beim Aussteigen verspürt sie plötzlich ein Hungergefühl, eigentlich typisch für Yvonne, da sie immer anfängt zu essen, wenn es ihr nicht so gut geht. Glücklicherweise gibt es noch eine Dönerbude in der Nähe des Jugendhotels, die sie auch schnurstracks ansteuert. „Aladin und die Wunderlampe", der Name der Bude als Leuchtreklame ist nicht zu übersehen, wird Yvonne hoffentlich wieder aufrichten. Sie betritt den Dönerladen und sichtet sofort Albrecht aus ihrer Klasse, den scheinbaren Langweiler mit der Fielmann-Brille. Yvonne ist verblüfft, Albrecht sieht ja richtig cool aus mit seinen gegelten nach hinten gekämmten Haaren. In seiner schwarzen Lederjacke, mit hochgestelltem Kragen, sieht er fast wie John Travolta aus. „Hallo, Albi, warst du auch im ‚Berlin by Night', ist doch echt ein Spitzenklub?" Albrecht traut seinen Ohren nicht, Yvonne, der Schwarm aller Jungens aus dem Jahrgang, hat ihn angesprochen.

Yvonne ist jetzt wieder voll in ihrem Element. „Albi, du kannst mir noch einen Döner bestellen, ich habe einen Riesenhunger." Beglückt flitzt Albrecht zur Verkaufstheke und ordert den gewünschten Döner. Yvonne hat Klaas-Jan vergessen und überlegt sich schon einmal, wie sie Albi um den Finger wickeln wird. Sie öffnet ihr rosarotes Handtäschchen, kramt den rosaroten Lippenstift hervor und schminkt sich ungeniert. „Aladin und die Wunderlampe", der Dönerschuppen aus Berlin-Schöneberg hat ein Wunder vollbracht. Er hat zwei Menschen glücklich gemacht, den schüchternen Albrecht und die gestylte Yvonne, zumindest für einen Abend.

Es ist fünf Uhr morgens. Klassen- und Deutschlehrerin Frau Krause sitzt noch immer im Foyer des Jugendhotels „Hinterm Horizont". Mittlerweile ist sie aber eingenickt und der Nachtportier schaut sie mitleidig an. Die Millionenstadt Berlin wacht langsam auf, die Müllabfuhr ist schon unterwegs und die letzten Nachtbummler schleichen an Frau Krause vorbei in ihr Zimmer und werden heute, während der Führung im „Deutschen Historischen Museum", von ihren tollen Erlebnissen im nächtlichen Berlin schwärmen. Frau Krause aber wird hundemüde sein und ihre baldige Pensionierung herbeisehnen.

IN DER S-BAHN

Die Bremsen kreischen, die S-Bahn kommt abrupt zum Stehen. Langsam öffnen sich die Türen im letzten Wagon der Schnellbahn nach München. Es ist 20:07 Uhr an einem Samstagabend. Die Station heißt Engelschalking, ein Vorort von München, der früher ein Dorf mit Pferdekoppeln war. Eine langbeinige, circa siebzehn Jahre alte Blondine hüpft in das Abteil, am rechten Ohr das unvermeidliche Handy, in der linken Hand ein kleines rosafarbenes Handtäschchen. Das Abteil ist ziemlich leer, die junge, langhaarige Dame kann sich ihren Platz aussuchen. Der Zug hat sich schon wieder in Bewegung gesetzt, die blonde Schöne spricht unaufhörlich in ihr mit Glitzersteinen besetztes Handy. Sie spricht mit einer beeindruckenden Lautstärke, die wenigen Passagiere werden zu interessierten Zuhörern.

Ein ihr schräg gegenüber sitzender junger Mann mit gegeltem Haar, Typ Christiano Ronaldo – portugiesischer Fußballnationalspieler – schaut sie fasziniert an. Bis jetzt hat die junge Frau noch nichts gemerkt. Sie ist so in ihr Telefongespräch vertieft, in dem es um die Gestaltung des Samstagabends und den Besuch einer angesagten Disco in der Münchner Innenstadt geht. Ihr langes blondes Haar scheint sie zu irritieren, denn ständig versucht sie es zu bändigen. Ein Besuch beim Friseur ist unausweichlich, wie sie ihrer Freundin am Handy geradezu verzweifelt mitteilt. „Louisa, ich muss heute noch unbedingt meine Haare bei Carlo waschen und legen lassen. Du müsstest mich mal sehen, ich sehe schrecklich aus! Wann und wo sollen wir uns denn treffen? Was, du brauchst noch drei Stunden um dich zu stylen? Du bist doch wahnsinnig, mehr als zwei Stunden gebe ich dir nicht. Denk daran, ich habe Eintrittskarten für das „Blue Velvet", da soll es die coolsten Kerle von ganz München geben!"Der ihr gegenüber sitzende junge Mann starrt die Blonde weiterhin verzückt an, die mittlerweile haarklein ihr Makeup für den Discoabend mit ihrer Freundin diskutiert.

Langsam nähert sich die S-Bahn dem Marienplatz, dem Zentrum Münchens. Die Blondine erhebt sich, Handy am rechten Ohr, in der linken

Hand ihr rosa Handtäschchen. Der Marienplatz ist erreicht, die Türen öffnen sich, die langbeinige, langhaarige Schöne hüpft aus dem Zug und entschwindet im Gewühl des Bahnsteigs. Der junge Mann, alias Christiano Ronaldo, schaut ihr enttäuscht nach. Ihr blonder Schopf ist noch lange zu erkennen. Plötzlich erhellt sich wieder sein Gesicht. Ihm fällt der Name der Disco ein, wo sich die beiden Freundinnen heute Abend treffen werden. Dort wird er hingehen, sie wiedertreffen und seine zweite Chance nutzen. Vielleicht sollte er aber seinen besten Freund Louis Figo zur Verstärkung mitnehmen. Louis ist der beste „Aufreißer" in ganz München, vor allem wenn es um junge, blonde Damen mit rosaroten Handtäschchen geht.

AM WASSERTURM

Die Sonne strahlt vom Sommerhimmel. Schönwetterwolken ziehen gemächlich über den Wasserturm und die Augustaanlage. Der Sommer zeigt sich noch einmal von seiner schönsten Seite, der Herbst ist nicht mehr allzu weit entfernt. Es ist nicht zu heiß, eine erfrischende Brise erfreut die Sonnenanbeter. Die Wasserfontänen funkeln im Sonnenlicht. Es hat sich der Anfang eines Regenbogens gebildet.

Zwei Polizisten gehen durch die Anlage und sollen für Ordnung sorgen. Zurzeit ist aber alles in Ordnung. Sie sehen sehr gemütlich aus, mit ihren dicken Bäuchen und den aufgekrempelten Polizeihemden. Der mit dem dicksten Bauch hat einen Schnauzbart und trägt zwei Ohrringe. Der andere hat seine Polizeimütze auf dem Kopf und eine verspiegelte Sonnenbrille auf der Nase. Er wirkt etwas offizieller. Gerade erklären sie einer älteren Dame den Weg zum Bahnhof. Ein Halbwüchsiger wird ermahnt, seinen CD-Player etwas leiser zu stellen.

Drei gestylte junge Damen mit riesigen Sonnenbrillen, knappen Shorts und eleganten Handtäschchen betreten das französische Café und bestellen Croissants und Café au lait. Sie setzen sich aber gleich auf die Terrasse, um möglichst viele Sonnenstrahlen zu erhaschen. Pinkfarbene Handys und Smartphones werden gezückt und Nachrichten werden kichernd ausgetauscht. Ein knallroter Ferrari fährt langsam am Café vorbei. Der Fahrer, wie könnte es auch anders sein, ist jenseits der sechzig, trägt Glatze und eine alberne Brille. Sie soll ihn wohl jünger machen. Auf der Höhe des Tisches der drei jungen Damen lässt er seine zweihundert PS aufheulen. Die würdigen ihn keines Blickes und flirten lieber mit dem Ober, einem fantastisch aussehenden Jüngling, der mit seinem charmanten Lächeln die Damen verzaubert.

Es ist ein friedlicher Sommernachmittag in der Stadt und die Zeit scheint still zu stehen.

Jetzt fehlt nur noch ein Maler mit seiner Staffelei, der diesen Moment festhalten kann, vielleicht ein Impressionist wie Renoir oder Monet.

Doch irgendetwas passt nicht so recht in dieses Bild. Es ist ein älteres Ehepaar, das sich dem Café nähert. Gemessenen Schrittes schreitet der Mann vorneweg. Er trägt eine graue Kappe, ein kariertes Hemd und seine braunen, zu weiten Hosen werden von Hosenträgern gehalten. Zwei Schritte hinter ihm geht die Frau, von oben bis unten in schwarz gekleidet. Das schwarze Kopftuch verhüllt das Haar, der schwarze Rock reicht bis auf den Boden. Das Paar scheint aus der Zeit gefallen zu sein, wirkt irgendwie fremd an diesem Sommertag inmitten von Menschen, die locker, leicht und bunt gekleidet sind. Aber trotz der augenscheinlichen Andersartigkeit strahlen sie eine gewisse Würde aus. Auch sie erfreuen sich an einem schönen, warmen Tag in einer friedlichen Umgebung und träumen vielleicht von einem ähnlich friedvollen Leben in ihrem fernen Heimatland, das sie einst verlassen mussten, um zu überleben.

ELSASS

Die Herbstsonne lockt viele Touristen ins Elsass, das deutschsprachige Gebiet westlich des Rheins, das zu Frankreich gehört, aber stolz auf seine Eigenheiten ist. Schon immer waren die Elsässer froh, nicht zu nahe an Paris aber auch weit weg von Berlin zu sein. Schon im 15.Jahrhundert war Straßburg eine freie Republik, die von einem Rat aus Vertretern der Zünfte regiert wurde.

Frau Maier, Französischlehrerin aus Frankfurt, hat ihren Ehemann überzeugen können, mit ihr ein paar Tage in den Herbstferien nach Obernai und Straßburg zu fahren. Sie will mal wieder ihre Französischkenntnisse aufbessern, Herr Maier denkt mehr an die leckere elsässische Küche. Übers Internet wird ein Hotel in Obernai gebucht, die Straßburger Hotels sind schon alle ausgebucht. Die Autofahrt auf der französischen Autobahn verläuft stressfrei und ohne Stau, in zweieinhalb Stunden hat man Obernai erreicht. Das Hotel „General de Gaulle", direkt an der Stadtmauer, ist ansprechend und komfortabel, das Zimmer geräumig. Das Ehepaar Maier geht frühzeitig zu Bett, um am nächsten Morgen gut ausgeschlafen nach Sraßburg zu fahren.

Punkt acht Uhr betreten die Maiers den Frühstücksraum und freuen sich schon aufs Buffet. Unglücklicherweise ist wohl auch eine deutsche Reisegesellschaft im Hotel untergebracht worden. Germanische Laute hallen durch den Essraum, gekochte Eier sind nicht mehr zu haben. Die deutschen Pensionäre sind wie Heuschrecken über das Buffet hergefallen. Das Hotelpersonal schaut etwas hilflos der deutschen „Invasion" zu. Frau Maier, die doch die vornehme französische Kultur so liebt, schämt sich mal wieder für ihre Landsleute. Herr Maier trauert seinem gekochten Ei hinterher. Unter den „Teutonen" scheinen auch einige pensionierte Lehrer zu sein. Ein offenbar schwerhöriger, grauhaariger Schulmeister erzählt gerade aus seiner glorreichen Zeit als Rektor einer Gesamtschule in Oberhessen. Seine ebenso schwerhörige Tischnachbarin bekommt nur die Hälfte mit, isst aber ungerührt ihr drittes gekochtes Ei. Das Ehepaar Maier findet glücklicherweise noch ein kleines Tischchen direkt neben der Toilettentür. „Albert, das ist ja schrecklich, wie kann man sich so daneben benehmen." „Ach, Helga, du bist da zu empfindlich, wir warten noch einen Augenblick, ärger' dich nicht, wir wollen uns doch erholen." Und tatsächlich entspannt sich die Situation nach kurzer Zeit, da der deutsche Reiseleiter mit markiger Stimme zum Aufbruch drängt. "Meine Damen und Herren, in fünf Minuten ist Aufbruch, für zehn Uhr ist unsere erste Weinprobe geplant, deutsche Pünktlichkeit, ha, ha, ha!" „Der ist ja noch dümmer als die ganze Reisegesellschaft zusammen", denkt sich Frau Maier. Herr Maier hat jetzt endlich freie Bahn und labt sich am wieder aufgefüllten Buffet. Frau Maier hat sich inzwischen beruhigt und parliert mit der Bedienung, natürlich auf Französisch, obwohl die hübsche Mademoiselle auch fließend Deutsch spricht. Herr Maier fühlt sich jetzt richtig wohl, sein Magen ist gut gefüllt und seine geliebte Ehefrau scheint auch etwas entspannter zu sein. Aus Erfahrung weiß er, dass Irene immer glücklich ist, wenn sie Französisch reden kann. Das Hotel hat sich mittlerweile geleert, Frau Maier spricht inzwischen sehr angeregt mit der Madame an der Rezeption, Herr Maier hat es sich in einem Sessel bequem gemacht und liest die Tageszeitung aus der Region Straßburg, natürlich den deutschsprachigen Teil. Er ist nicht gerade sattelfest in der französischen Sprache. Gestern hat Bayern München in der Champions-League gegen Lille gespielt und 1:0 gewonnen. Als Herr Maier das Ergebnis liest, lehnt er sich zufrieden zurück. Der Tag hat doch ganz gut angefangen.

Wir wollen jetzt die Maiers verlassen und wünschen ihnen noch einen schönen Urlaub im Elsass. Hoffentlich treffen sie nicht wieder auf einen deutschen Rentnerklub.

NEUJAHRSMORGEN

Es ist schon fast 12:00 Uhr mittags. Draußen nieselt es, die Temperatur liegt bei etwa +14°C, nicht gerade Winterwetter. Das neue Jahr hat ziemlich trübe begonnen, und im Radio auf Hessen 3 hört man die gleichen Sprecher und die gleiche Musik, die man schon aus dem abgelaufenen Jahr kennt. Der Weihnachtsbaum im Wohnzimmer sieht schon ein bisschen mitgenommen aus, die Kerzen hängen schräg auf ihren Ästen. Das Mittagessen bei den Maiers wird heute wohl etwas magerer ausfallen, es sind noch eingefrorene Reste von den Weihnachtsfeiertagen übrig geblieben: Zwei halbe Putenkeulen (Oma Erna fand sie ziemlich zäh), etwas Gemüse und als Krönung Schokoladenpudding, der bei der Verwandtschaft zu Weihnachten nicht so recht Anklang gefunden hatte, da er doch leicht „klumpig" war.

Mittlerweile hat Herr Maier auch die neuen Kalender aufgehängt, der Küchenkalender mit leckeren Rezepten nimmt einen Ehrenplatz neben dem Eisschrank ein. Bei dieser Gelegenheit fällt der peniblen Frau Maier auf, dass die Küchenwände nicht mehr so richtig weiß sind, man könnte sogar von einem durchgehenden Grauschleier reden. „Alfons, du musst im neuen Jahr unbedingt die Küche streichen!" „Ja, ja, ich glaube, wir haben noch einen Eimer weißer Farbe im Keller." Herr Maiers Stimme klingt nicht begeistert, er hat gerade in der Zeitung gelesen, dass auf den Samoa Inseln schon der zweite Januar begonnen hat, die Datumsgrenze im Pazifik ist schon eine faszinierende Angelegenheit. Herr Maier fängt an zu träumen. So eine Kreuzfahrt im Pazifik, auf den Spuren von Thor Heyerdahl*, das war schon immer sein Traum gewesen. „Alfons, das Essen ist fertig!" Herr Maier hört nichts, da er mit seiner Jacht gerade Kurs auf die Samoa Inseln genommen hat. Über ihm ziehen die weißen Wolken, von den Passatwinden getrieben, vor ihm auf den Planken liegt Frau Maier im Bikini und sonnt sich. Der graue Neujahrsmorgen ist vergessen. In der Küche hantiert Frau Maier mit ihren Töpfen und ärgert sich über den misslungenen Schokoladenpudding.

*Der norwegische Geograf und Zoologe reiste 1937 mit seinem Holzfloß „Kon-Tiki“ durch die Südsee.

WEIHNACHTEN

In diesem Jahr lag Weihnachten ziemlich ungünstig. Der letzte Schultag war Freitag, der folgende Montag schon Heiligabend. Das bedeutete, dass Anna und Friedrich ihre Weihnachtsgeschenke noch am Freitag oder Samstag kaufen mussten. Vorher hatten sie vor lauter Klausurschreiben keine Zeit gehabt oder wahrscheinlich eher Weihnachten verdrängt, was wiederum verständlich war, da sie vor Verliebtheit Zeit und Raum vergessen hatten. Anna hatte sich wenigstens schon einige Gedanken gemacht, Friedrich eher weniger. Beiden war gemeinsam, dass sie im Grunde genommen kein Geld für Geschenke hatten. Taschengeld gab es erst wieder im Januar und der war noch weit entfernt am Horizont. Anna und Friedrich hatten sich für Samstag auf dem Weihnachtsmarkt in der Stadt verabredet, um sich gegenseitig zu beschenken. Geld für Bratwurst und Glühwein hatte sich Friedrich von seinem Bruder geborgt, der immer gut bei Kasse war (Der würde bestimmt mal Banker werden!). Auf jeden Fall konnte Friedrich Anna eine Bratwurst spendieren.

Es hatte angefangen zu schneien, ganz feine Flocken, und schnell waren die Buden auf dem Weihnachtsmarkt wie mit Puderzucker bedeckt. Friedrich war schon ganz ungeduldig, er hatte doch tatsächlich ein Geschenk für Anna. Er hatte seine Armbanduhr bei "Ebay" versteigert und vom Erlös eine perlenbesetzte Haarspange gekauft (natürlich waren es Kunstperlen). Anna hatte so prachtvolle lange Haare, mit der Spange würden sie toll aussehen. „Hallo, Friedrich, entschuldige, dass ich mich verspätet habe. Aber schau mal, was ich für dich habe." Anna hatte ihr Haar in einem Kopftuch versteckt. „Ich habe auch etwas für dich", sagte Friedrich und überreichte Anna voller Stolz seine in Weihnachtspapier eingewickelte Haarspange. Die beiden packten gleichzeitig ihre Geschenke aus, die Spange und ein ledernes Uhrenarmband für Friedrich. Verdutzt schauten sich die Verliebten an. „Anna, ich habe überhaupt keine Armbanduhr mehr, ich habe sie bei „Ebay" verkauft, um etwas Geld für ein Geschenk für dich zu haben." Tränen schossen in Annas Augen und schluchzend stammelte sie, "und ich habe mir die Haare abschneiden lassen, um einiges Geld vom Friseur zu bekommen, er benötigt ständig Haare für seine Perücken. Deine schöne Haarspange hält jetzt gar nicht mehr in meinem kurzen Haar." Friedrich schaute seine Angebetete an und umarmte sie ganz fest. „Das macht überhaupt nichts, deine Haare werden wieder wachsen und ich lass mir von meinen Eltern eine neue Armbanduhr schenken. Dann kann ich dein schickes Uhrenarmband benutzen."

Es war Weihnachten, das Fest der Liebe und Geschenke, und Friedrich und Anna ließen sich die Bratwurst und den Glühwein schmecken.

(Nach einer Erzählung des US-amerikanischen Schriftstellers William Sydney Porter, besser bekannt unter seinem Pseudonym „O. Henry")

DER BAMBERGER REITER

In der Polizeistation in der Luitpoldstraße in Bamberg war die Hölle los. Kommissar Hinterhuber, trotz seines urbayrischen Namens ein patriotischer Franke, war außer sich. Schon wieder war in der Lange Straße, diesmal in der Nähe des Obstmarktes, bei einem Juwelier eingebrochen worden. Trotz nächtlicher Kontrollfahrten durch seine Streifenbeamten war der Einbruch erst bei Geschäftsöffnung durch den Besitzer bemerkt worden. Hinterhuber hatte sein ganzes Revier zusammengerufen, um mal richtig Dampf abzulassen.

„Mittlerweile ist unser Revier das Lachblatt von Bamberg geworden. Fünf Einbrüche in den letzten zwei Wochen sind einfach indiskutabel, ich möchte noch heute Resultate. Rosi und Franz begeben sich sofort zum Tatort, Hubert, Kunigunde und Ali grasen das Gebiet rund um den Dom ab. Es gibt ernstzunehmende Hinweise, dass der Täter oder die Täter dort ein Versteck für ihre Beute gefunden haben. Ali, schnapp' dir deine Gitarre, heute machst du den Straßenmusikanten auf dem Domplatz, halte die Augen offen. Es wird ein langer Abend für dich."

„So ein Mist, gerade heute wollte ich mir das Spiel Bayern München gegen Manchester City im Fernsehen anschauen", grummelte Ali vor sich hin. Er ist stocksauer und verlässt leise fluchend das Büro, begibt sich aber doch sofort zum Dom. In diesem Zustand sollte man Hinterhuber nicht widersprechen. Der Kommissar war an und für sich ein ganz angenehmer Zeitgenosse, meistens durch nichts aus der Ruhe zu bringen. Aber heute war er von der Rolle, seitdem er direkt von München einen Anruf bekommen hatte, was denn die Polizei in Bamberg so treibe, und dass seine Abteilung wohl alles Schlafhauben wären. Kommissar Hinterhuber, der stolze Franke, musste sich von einem Münchner Schnösel zurechtweisen lassen.

Mittlerweile hatte Ali Stellung bezogen und Hubert und Kunigunde führten sich wie Touristen auf, die eifrig den Dom fotografierten. Nach etwa zwei Stunden, alle drei Beamte wirkten doch sehr verfroren, zu allem Überfluss hatte es auch noch angefangen zu schneien, war die Stimmung auf dem Tiefpunkt. Hinterhuber jedoch beharrte weiter auf intensivster Observation, sein Gefühl sage ihm, der Täter würde ihnen noch heute garantiert ins Netz gehen. Dem Argument war nichts entgegenzusetzen. Zur gleichen Zeit schaute sich ein gewisser Leonhard Dientzenbach andächtig den „Bamberger Reiter" im Dom an. Leonhard war schon immer von dieser Reiterfigur fasziniert gewesen. Die edle Gestalt des Pferdes und die königliche Haltung des Reiters beeindruckten Dientzenbach sehr. Der Dom war mittlerweile leer, nur ein eifriger Messdiener huschte durch das Seitenschiff, der letzte Tourist verließ gerade die Kirche. Leonhard hatte sich jetzt dem bedeutsamen Kunstwerk genähert. Nach einem verstohlenen Blick in Richtung Seitenschiff machte sich Dientzenbach am Sockel des edlen Reiters zu schaffen. Überraschenderweise war ein Stein locker und konnte herausgelöst werden. Dientzenbach fasste in seine prall gefüllte Aktentasche und verstaute etwas verdächtig nach Schmuck Aussehendes in den entstandenen Hohlraum. Kurze Zeit später lag der Stein wieder an seiner alten Stelle, und der ‚Bamberger Reiter' schaute ungerührt erhobenen Hauptes zum Hochaltar.

Als Leonhard Dientzenbach den Dom verließ, fühlte er sich doch etwas erleichtert. Die Beute aus den Einbrüchen der letzten Wochen würde garantiert keiner im Sockel des ‚Bamberger Reiters' vermuten. Er war in ausgesprochen guter Stimmung, als er Ali, Hubert und Kunigunde auf dem Domplatz entdeckte. Ihn hatte wohl der Teufel geritten, als er die drei Polizeibeamten grinsend fragte: „Na, wohl auf Streife, ist wohl wegen des Einbruchs letzte Nacht in der Luitpoldstraße?" Da läuteten bei Ali alle Alarmglocken, er kannte natürlich Leonhard Dientzenbach, den unbelehrbaren Kleinkriminellen mit einem beachtlichen Vorstrafenregister. „Sag mal, Leo, woher weißt du eigentlich etwas von einem Einbruch in der Luitpoldstraße, die Presse hat bisher noch nichts berichtet?" Dientzenbachs gute Laune war schlagartig verschwunden, wie konnte er nur so einen dämlichen Fehler machen. Jetzt war es zu spät. „ Zeig uns doch einmal dein Versteck", Kunigunde war nun in ihrem Element, sie war als erbarmungslose Ermittlerin bekannt und hatte schon die Handschellen in der Hand. Leo war so eingeschüchtert, dass er die Polizeibeamten sofort in den Dom zum „Bamberger Reiter" führte, den Stein verschob und die Beute herausziehen wollte. Ali, Hubert und Kunigunde hatten ihn die ganze Zeit ungläubig beobachtet. Fassungslos schaute Dientzenbach auf seine leeren Hände, der Hohlraum im Sockel des „Bamberger Reiters" war leer, leerer ging es nicht. „ Leo, ich glaube du willst uns wohl verscheißern, Diebesgut im Dom zu verstecken ist wohl das Allerletzte. Auf der Wache werden wir dich schon zum Plaudern bringen." Kunigunde ließ die Handschellen klicken und freute sich schon aufs Verhör. Spätestens in einer Stunde würde sie ein Geständnis haben.

Als die Polizeibeamten und Leonhard Dientzenbach den Dom verlassen hatten, löste sich ein Schatten aus dem Halbdunkel des Seitenschiffs. Kommissar Hinterhuber bewegte sich gemessenen Schrittes zum Seiteneingang. Der Rucksack, den er bei sich hatte, schien ganz schön schwer zu sein. Der Schmuck und die Uhren aus fünf Einbrüchen hatten schon ihr Gewicht. Der Kommissar hatte den richtigen Riecher gehabt, war gleich nach der Lagebesprechung auf dem Revier zum Dom geeilt und Dientzenbach in der Kirche entdeckt. Unbemerkt hatte er Leo am „Bamberger Reiter" herumhantieren sehen und die einmalige Chance erkannt. Die Juwelen aus den Einbrüchen würde er garantiert loswerden, er kannte einen ausgekochten Hehler, der natürlich etwas geschmiert werden musste. Morgen würde Kommissar Hinterhuber, bisher nur als absolut korrekter Beamter bekannt, seinen Dienst aus gesundheitlichen Gründen quittieren. Jeder würde das verstehen, nach vierzig Dienstjahren im Dienste des bayrischen Freistaates. Morgen fing ein neues Leben an, der verdammte Polizeidienst hatte ein Ende.

Auf dem Nachhauseweg, mit seinem prall gefüllten Rucksack, machte Kommissar Hinterhuber noch Station in seiner beliebten Stammkneipe „Alt-Bamberg". Dort gibt es das beste Rauchbier der Stadt.

Am nächsten Morgen wurde im „Bamberger Boten" vermeldet, dass der bekannte Kommissar Hinterhuber in seiner Stammkneipe einem Herzinfarkt erlegen war. Offensichtlich war er auf dem Weg zu seinem Polizeirevier gewesen, da er die Beute der fünf Einbrüche bei sich hatte. Niemand wäre auf die Idee gekommen, dass sich der aufrichtige Franke Kommissar Hinterhuber mit der Beute aus dem Staub machen wollte. Leonhard Dientzenhofer konnte sein Glück überhaupt nicht fassen, dass er schon nach Hause gehen konnte. Die Geschichte mit dem „Bamberger Reiter" glaubte ihm keiner, Kommissar Hinterhuber hatte wohl kurz vor seinem plötzlichen Tod das richtige Versteck gefunden. Nur Hauptwachmeister Ali machte sich so seine Gedanken und beim nächsten Besuch im Dom sah er sich den Sockel doch noch einmal gründlich an. Kein Stein war lose, Hauptwachmeister Ali konnte beim besten Willen keine Lücke oder keinen Spalt entdecken. Als er schließlich vom Sockel zurücktrat und nach oben schaute, blinzelte ihm der „Bamberger Reiter" für einen kurzen Augenblick zu, um aber sofort wieder erhobenen Hauptes in die Ferne zu schauen. Jetzt war Ali vollkommen verwirrt und konnte nur noch vor sich hinmurmeln: „Es ist höchste Zeit ein paar Tage Urlaub zu nehmen."

DER KAPITÄN

Kapitän David Brown steht auf der Brücke der „MS Pride of Dover". Sie ist die größte Fähre, die je für die Überquerung des Ärmelkanals gebaut wurde. Der Ärmelkanal trennt das „Vereinigte Königreich" vom Rest Europas. Im Bauch des Schiffes brummen Rolls-Royce Motoren aus England. Die zwei riesigen Schrauben sind in Deutschland von MAN hergestellt worden. Gebaut wurde der „Der Stolz von Dover" auf einer Werft in Finnland. David Brown, der patriotische Engländer, der stolz darauf ist, dass er schon 25 Jahre unter der Flagge der Reederei P&O zur See fährt, kommandiert ein durch und durch europäisches Schiff. Irgendwie schon eigenartig, dass die britische Industrie kein eigenes Schiff mehr herstellen kann. In seinem Lieblingspub „Queen Victoria", zu Hause in Dover, haben sie David schon ganz schön durch den Kakao gezogen. „David, du bist ja überhaupt kein richtiger englischer Kapitän mehr, du kommandierst ja nur einen zusammengeflickten europäischen Kahn, der wahrscheinlich beim kleinsten Windstoß kentern wird." Kapitän Brown ist schon ganz schön angefressen, im Grunde seines Herzens muss er ja seinen Kumpels recht geben. Alles hat ja mit dieser neoliberalen Margaret Thatcher angefangen, die die britische Schwerindustrie hat zugrunde gehen lassen. Britische Industrieprodukte, die England zu einem Weltreich gemacht haben, sind nicht mehr gefragt. Der Geld- und Devisenhandel im Londoner Bankenviertel und diese windigen Investmentbanker und Hedgefondmanager haben jetzt das Sagen. Und dann diese Abhängigkeit von Straßburg und Brüssel, man stelle sich vor, London das Zentrum des „Empires" muss sich von irgendwelchen drittklassigen Politikern etwas vorschreiben lassen. Kapitän David Brown ist froh, dass er auf der „MS Pride of Dover" sein eigener Herr ist. „Alles, was ich brauche, sind englische Zeitungen, englisches Fernsehen und ein gutes Roastbeef". Aber da ist Mr. Brown nicht so ganz ehrlich, im letzten Jahr hat er sein Gehalt auf etwas eigenartige Weise aufgebessert.

Langsam gleitet die Fähre aus dem Hafen von Dover in den nebligen

Morgen, das französische Calais ist mit dem Fernglas zu erkennen. Unter Deck, im riesigen Stauraum der Fähre, sind heute hauptsächlich Trucks aus allen Ländern Europas. In der Trucker-Lounge sitzt Steve Buckingham, er transportiert Kunstwerke und alte Standuhren nach Frankreich. In den letzten Monaten hat er schon mehrere Fuhren gehabt. Der Londoner Kunstmarkt ist das Ziel russischer Oligarchen und steinreicher Araber geworden. Trucker Steve Buckingham spricht gerade in sein Handy, am anderen Ende der Leitung hängt Kapitän David Brown. Sie kennen sich jetzt schon einige Monate. Ihre „Zusammenarbeit" hat sich als ausgesprochen profitabel herausgestellt. David sucht sich aus Steves Ladung ein Kunstwerk aus, zahlt ein „kleines" Sümmchen an den Trucker und bietet dieses Stück einem gewissen Monsieur L. in Calais an. Monsieur L. heißt in Wirklichkeit Alain Dupont und ist ein windiger Antiquitätenhändler, der viele Kontakte in Frankreich, Belgien und den Niederlanden hat. Die entwendeten Kunstgegenstände sind bisher immer unter Transportschäden ordnungsgemäß der Versicherung gemeldet worden. David und Steve fühlen sich sicher.

In Calais ist es jetzt 10 Uhr morgens, die „MS Pride of Dover" wird in etwa fünfzehn Minuten den Hafen erreicht haben. „Seid ihr bereit?" Kommissar Maigret von der französischen Finanz-und Grenzpolizei spricht zu seinen Mitarbeitern bzw. Mitarbeiterinnen aus seiner Abteilung. Edith Piaf, die junge, hübsche Inspektorinanwärterin ist ganz aufgeregt. Es ist ihr erster Außeneinsatz. Die beiden anderen Mitarbeiter, Jean-Jacques und Jean-Paul sind schon alte Hasen. „Ihr wisst, was ihr zu tun habt, sofort nach Anlegen der Fähre geht ihr in die Kapitänskajüte und verhaftet den ehrenwerten Kapitän David Brown. Ich bleibe an Land und beobachte was passiert. Vielleicht erwischen wir ja noch den französischen Hehler." Alles läuft wie geschmiert. David Brown ist so überrascht, dass er überhaupt nichts sagt, als ihm die Handschellen angelegt werden. „Kapitän David Brown, wir verhaften sie wegen des Verdachts des Stehlens und der Hehlerei von

Kunstgegenständen." Edith Piaf ist ganz stolz auf sich, Kommissar Maigret hat ihr das Kommando übergeben. Jean-Jacques und Jean-Paul grinsen nur und machen sich so ihre Gedanken über die knackige Figur der Edith. Diese neue Uniform steht ihr doch ausgesprochen gut. Während David Brown unauffällig die Gangway hinuntergeführt wird, verlässt Steven Buckingham mit seinem Truck die Fähre. Die Frachtpapiere hat er schon in Dover zeigen müssen. Im Rückspiegel sieht er gerade noch, wie Kapitän David Brown in einen Polizeiwagen einsteigen muss. Schade, mit dem Zuverdienst im letzten Jahr ist es jetzt wohl vorbei. Monsieur L., alias Alain Dupont, hat ebenfalls Lunte gerochen und sich aus dem Staub gemacht. Er kennt Monsieur Maigret und sein Einsatzkommando nur zu gut. Was wird wohl jetzt mit unserem stolzen, patriotischen Kapitän passieren? Das Kommando über sein geliebtes Schiff wird er mit Sicherheit verlieren. Die Reederei wird ihn in irgendein Kontor stecken, wo er sich bis zu seiner Rente mit Fährfahrplänen beschäftigen muss, eine grässliche Aussicht! Vielleicht kommt er mit einer Geldstrafe davon. Das Schlimmste wird aber sein, wenn er den Kumpels aus seinem Pub „Queen Victoria" in Dover die Geschichte beichten muss. Ihm klingeln jetzt schon die Ohren: „David, wie konntest du nur so dämlich sein, dich von der französischen Polizei festnehmen zu lassen. Ein englischer Kapitän lässt sich doch nicht von einem weiblichen französischen „Flic" verhaften. Außerdem verlässt ein Kapitän sein Schiff nur in einem Sarg!"

DER SCHRIFTSTELLER

Herr Schreiber war fest entschlossen, endlich seinen angefangenen Kriminalroman zu Ende zu schreiben. Vor einem Jahr hatte er begonnen, eine Kriminalgeschichte zu schreiben. Er hatte viel recherchiert, hatte jeden verfügbaren Polizeibericht und Detektivgeschichten gelesen, im Internet gesurft und kannte sich mittlerweile in der Forensik vorzüglich aus. Aber irgendwie kam er nicht richtig voran, seine Hauptperson, er hatte sich für einen Profiler nach amerikanischem Vorbild entschieden, der ein Spezialist im Aufspüren von Gewaltverbrechen war, wirkte einfach zu blass und farblos. Das war zumindest die Meinung seiner geschätzten Ehefrau, die eine sehr kritische Leserin seiner Geschichten war. Meistens hatte sie auch Recht.

Herr Schreiber hatte sich also für eine Woche in einem kleinen Hotel in Frankfurt einquartiert. Das Hotelzimmer war einfach, hatte ein großes Fenster mit Blick auf die Nachbarhäuser und war nicht weit von der Oper am Willy Brandt-Platz entfernt. Er hatte seiner Frau gesagt, er wolle keinesfalls durch irgendwelche Telefonanrufe gestört werden. Am ersten Abend, nach einem Imbiss im amerikanischen Diner gegenüber der Oper, machte er sich an die Arbeit. Im Hotelzimmer stand ein kleiner Schreibtisch, an dem er gut arbeiten konnte. Da der Vorhang vor dem Fenster beiseite geschoben war, hatte Herr Schreiber einen guten Ausblick auf das Nachbarhaus, ein Bankgebäude eines namhaften deutschen Geldinstituts. In einem Büro wurde noch gearbeitet, obwohl es schon 20:00 Uhr war. Er konnte eine Frau erkennen, die hinter ihrem Schreibtisch am Computer saß. Über ihrem Büro war gerade das Licht in einem anderen Büro ausgemacht worden. Herr Schreiber zog den Vorhang zu, er wollte sich jetzt nicht mehr ablenken lassen, als ein Mann in das hell erleuchtete Büro eintrat. Die Frau vor ihrem Computer hatte anscheinend nichts bemerkt. Im nächsten Augenblick, Herr Schreiber traute seinen Augen nicht, war der eingetretene Mann hinter die am Schreibtisch sitzende Frau getreten und hatte sie vom Stuhl gezogen. Drüben ging das Licht aus und Herr Schreiber war ziemlich verwirrt. Jetzt hatte er seinen Kriminalfall, er war Augenzeuge eines Verbrechens geworden. Er musste sofort die Polizei benachrichtigen und rannte so schnell es ging zur Rezeption. Dort schilderte er dem Nachtportier, was er gesehen hatte. Der Portier schaltete blitzartig und fünf Minuten später war schon die Polizei da. Herr Schreiber erzählte kurz, was er gesehen hatte und folgte den beiden Polizisten ins gegenüberliegende Bankgebäude. Die Eingangstür war tatsächlich noch auf, und der Aufzug brachte die Einsatzbeamten und Herrn Schreiber in den dritten Stock. Mit gezogenen Pistolen standen sie vor der Bürotür. „Machen Sie sofort die Tür auf, hier spricht die Polizei!" Herr Schreiber hielt sich sicherheitshalber im Hintergrund. Verblüffend schnell wurde die Tür aufgemacht und ein etwa dreißigjähriger Mann mit hochrotem Kopf und geöffnetem Hemd schaute verängstigt aus der Tür. „Sie sind beobachtet worden, wie sie eine Frau in diesem Büro von hinten niedergeschlagen haben, nehmen Sie die Hände hinter den Kopf!" Die Beamten wirkten zu allem entschlossen, Herr Schreiber war tief beeindruckt. In diesem Moment hörte man eine Frauenstimme rufen: „Bärchen, was wollen denn die Polizeibeamten von dir?" „Kennen Sie diese Frau?" fragte der eine Beamte. „Ja, natürlich, sie, sie ist meine Verlobte, wir haben heute noch ein wenig länger gearbeitet", stotterte der junge Mann. „Und warum ist bei ihnen das Licht ausgeschaltet?" fragte der andere Beamte mit donnernder Stimme. Der junge Mann schaute jetzt sehr verlegen und meinte entschuldigend: „Naja, wir haben nicht nur gearbeitet." Die Beamten schauten sich grinsend an. „Also, junger Mann, gehen sie mal nach Hause und entschuldigen sie die Störung." Herr Schreiber war alles nur noch peinlich. „Ich bitte vielmals um Verzeihung, es sah wirklich wie ein Verbrechen von meinem Fenster aus." Die Beamten sahen sich vielsagend an. „Mein Herr, Sie haben zu viel Fantasie, Sie sollten Schriftsteller werden!"

DIE KARDINÄLE

Die Kardinäle in Rom haben sich im Konsistorium versammelt. Papst Silverius II hat durch seinen engsten Vertrauten, den Erzbischof von München und Freising, einladen lassen. Den Grund für diese außerplanmäßige Zusammenkunft kennt keiner genau. Es gab viele Gerüchte, es war sogar von einem Rücktritt des Papstes die Rede, etwas gänzlich Unvorstellbares. Kardinal Palermo aus Sizilien und Kardinalstaatssekretär Ferrari aus Modena, die größten Intriganten im Kardinalskollegium, tuscheln miteinander. „Herr Staatssekretär, was meinen Sie warum wir hier sind?" „Ich habe überhaupt keine Meinung, und wenn ich eine hätte, würde ich sie auf jeden Fall für mich behalten. Lassen wir uns überraschen." Kardinal Palermo, dem enge Kontakte zur Mafia zugeschrieben werden, hat sein hinterhältiges Grinsen aufgesetzt. Offensichtlich weiß er etwas, ist aber bei Ferrari aus Modena auf Granit gestoßen. Obwohl die beiden Kardinäle als enge Vertraute gelten, versuchen sie sich doch bei jeder Gelegenheit aufs Glatteis zu führen. Beide wollen unbedingt Nachfolger des Papstes werden. Papst Silverius hat in den letzten beiden Monaten sowohl physisch als auch psychisch stark abgebaut. Die letzte Messe im Petersdom musste abgebrochen werden, da Silverius fast das Bewusstsein verloren hätte. Der plötzliche körperliche Verfall hat zu vielen Spekulationen geführt, eine Erklärung ist noch nicht gefunden worden.

Die schwere, mit dem Papstwappen verzierte Eichentür öffnet sich. Gebannt starren alle in Richtung Tür und erwarten den Papst. Da tritt Vatikansprecher Felice Gimondi in den Saal. Sein hageres Gesicht ist kreidebleich und er stammelt: „Der Papst ist nicht mehr ansprechbar, er hat sein Bewusstsein verloren, die Ärzte sind ratlos und befürchten das Schlimmste." Ein Raunen geht durch das Kardinalskollegium, Kardinal Palermos Augen blitzen für einen kurzen Augenblick auf. Im nächsten Augenblick schaut er betrübt in die Runde, Palermo hätte auch Schauspieler werden können. „Bitte, verlassen Sie heute nicht mehr den

Vatikan, wir müssen auf alles vorbereitet sein." Felice Gimondi winkt den Erzbischof von München und Freising zu sich, beide eilen schnellen Schrittes aus dem Saal.

Inzwischen haben sich kleine Gesprächsgruppen gebildet. Ferrari aus Modena und Palermo aus Sizilien stehen in einer Ecke und tuscheln schon wieder." Ich glaube, wir werden in Kürze einen neuen Papst haben, wie sehen Sie denn Ihre Chancen, mein lieber Palermo?" „Ich habe nicht das geringste Interesse, Herr Staatssekretär", säuselt Kardinal Palermo, „mein Platz ist auf Sizilien." Ferrari glaubt ihm kein einziges Wort. Palermo zieht sich noch weiter zurück, in die hinterste Nische des Saals. Verstohlen zieht er einen Brief aus seiner Kardinalsrobe. Die krakelige Handschrift ist kaum zu entziffern, es sind nur zwei Zeilen: „Das Arsen hat gewirkt, in den nächsten Tagen wird der Tod eintreten. Halten Sie das Gold bereit!" Kardinal Palermos Hände zittern etwas, im nächsten Augenblick hat er sich aber wieder in der Gewalt. Der Erzbischof von München und Freising hat hervorragende Arbeit geleistet. „Jetzt muss ich nur noch den Ferrari aus Modena auf meine Seite ziehen. Ich glaube, ich werde ihm mein Landgut auf Sizilien anbieten. Und wenn das nicht hilft, Arsen wird auch dieses Problem lösen!"

JERSEY

Der Triumph Spitfire 1500, weiß lackiert mit schwarzem Cabrioverdeck, stand an erster Stelle in der Warteschlange von Personenkraftwagen, die sich um 19:00 Uhr für die Fähre um 20.00 Uhr nach Jersey gebildet hatte. Herr van Houten aus Holland war aus einem ganz bestimmten Grund früh morgens in Amsterdam gestartet, um rechtzeitig die Abendfähre von St. Malo nach Jersey zu bekommen. Jersey, die Insel zwischen England und Frankreich, zieht nicht nur Ferientouristen an, sondern auch Menschen wie Herrn van Houten. Er stand nun neben seinem Oldtimer aus dem Jahre 1975, rauchte etwas nervös eine Zigarette, Marke „Dutch Magic", während er auf seine Uhr schaute. Die Rolex passte so gar nicht zu seinem sonstigen Aussehen. Sein Trenchcoat sah doch stark abgetragen aus, die Schuhe hatten schiefe Absätze und seine Haare hätten auch mal wieder einen vernünftigen Haarschnitt gebrauchen können. Herr van Houten hatte den Kofferraumdeckel geöffnet, wühlte herum und schob Einiges hin und her. Neben einem zerbeulten Koffer lagen zwei Ölkanister und eine blecherne Werkzeugkiste. Es schien alles in Ordnung zu sein. Er stieg wieder in seinen Triumph Spitfire, warf den Motor an und ließ ihn mal so richtig aufheulen. Gerade in diesem Augenblick leuchtete das Signal auf, die Verladung konnte beginnen. Nach der Kontrolle des Passes wurde der Triumph nach rechts zum Zoll gelenkt. Ein freundlicher französischer Zöllner veranlasste Herrn van Houten auszusteigen und den Kofferraum zu öffnen. Bereitwillig folgte der holländische Herr den Anweisungen. Monsieur Dupont, der französische Zöllner, bat Herrn van Houten den zerbeulten Koffer zu öffnen. Der Inhalt war nicht zu beanstanden: zwei Oberhemden, Wäsche, Toilettenartikel und ein arg zerlesenes Taschenbuch mit dem Titel „So rette ich mein Geld vor dem Fiskus" kamen zum Vorschein. „Merci bien, Monsieur, würden Sie mir bitte erklären, warum Sie die beiden Ölkanister im Kofferraum herumliegen haben?" „Ach, Sie wissen doch, diese englischen Oldtimer verlieren so viel Öl, dass es zu lästig ist, ständig an die Tankstelle zu fahren." „Ok, dann wünsche ich Ihnen einen guten Aufenthalt auf Jersey und vor allen Dingen Sonnenschein, damit sie Ihr Verdeck öffnen können. So ein Oldtimer macht doch erst richtig Spaß, wenn er offen gefahren werden kann." „Vielen Dank für die schnelle Abfertigung, habe mich sehr gefreut Sie kennengelernt zu haben." Herr van Houten rollte mit einem zufriedenen Grinsen auf die Fähre und bestellte sich gleich zwei „sausages" mit einer Portion „baked beans". Er liebte das echte englische Essen.

Die Überfahrt dauerte exakt eine Stunde und zwanzig Minuten. Das Entladen der Fähre ging schnell, schon eine halbe Stunde nach der Ankunft fuhr Herr van Houten in die Tiefgarage des Hotels ‚Duke of Cornwall' im Zentrum von St. Helier, der Hauptstadt Jerseys. In der Hotelhalle begrüßte ihn Mr. Smith, der Empfangschef des Hauses. „Hallo, Herr van Houten, Sie haben wieder das Zimmer 007 mit Blick auf St. Aubin´s Bay, ich hoffe Sie haben einen angenehmen Aufenthalt. Wenn Sie etwas essen wollen, die Küche ist noch geöffnet." „Vielen Dank, Herr Smith, ich hatte schon ein Paar „sausages" auf der Fähre, ich werde gleich aufs Zimmer gehen, ich bin doch etwas müde." Herr van Houten ging aber nicht in sein Zimmer, sondern zurück in die Tiefgarage. Er öffnete den Kofferraum, nahm die beiden Ölkanister heraus und fuhr mit dem Aufzug in den ersten Stock. Der zerbeulte Koffer war schon in sein Zimmer gebracht worden. Sorgfältig schloss van Houten das Zimmer ab, zog die Vorhänge vor den Fenstern zu und kippte den Kofferinhalt auf das Bett. Dann schraubte er die beiden Ölkanister auf. Erstaunlich was jetzt zum Vorschein kam. Herr van Houten zog einen 100-Euro-Schein nach dem anderen aus den Kanistern. Das war kein leichtes Unterfangen, aber der holländische Gentleman war sehr geschickt, er schien schon einige Übung zu haben. Als nach etwa einer halben Stunde der zerbeulte Koffer mit genau 500 000 Euro gefüllt war, legte sich Herr van Houten zufrieden in sein Bett. Am nächsten Morgen musste er sich etwas beeilen, denn Mr. Fisherman von der „Black Horse Off Shore Finance Bank" wartete schon auf ihn. Praktischerweise ist das besagte Geldinstitut gleich neben dem Hotel angesiedelt. Mr. Fisherman, wie immer im schwarzen Anzug, gestreiftem Hemd und Seidenkrawatte, wickelte die Übergabe des Geldes routinemäßig ab. „Herr van Houten, Ihre Kontonummer ist diesmal 999, sonst brauchen Sie sich nichts zu merken, Ihr Name taucht nirgendwo auf. In etwa einer Woche werde ich Sie, wie üblich, in Amsterdam anrufen. Vergessen Sie ihren Koffer nicht." Die ganze Transaktion hatte gerade mal fünf Minuten gedauert. Den Rest des Tages, bis zur Abfahrt der Fähre nach St. Malo, verbrachte Herr van Houten im reizenden Städtchen St. Helier.

Gegen 19.00 Uhr näherte sich ein weißer Triumph Spitfire 1500 dem Fährhafen. Die Straße zur Fähre ist ziemlich steil und kurvig. Herr van Houten hatte etwas zu tief ins Glas geguckt und fuhr beschwingt eine Kurve nach der anderen. Er wusste, vor der letzten Kurve musste er stark abbremsen, um nicht im Hafenbecken zu landen. Am nächsten Tag wurde das folgende Geschehen in aller Ausführlichkeit von der „Jersey Post" geschildert:

„Ein weißer englischer Sportwagen, mit eindeutig überhöhter Geschwindigkeit, hat die letzte Kurve vor dem Hafenparkplatz nicht mehr geschafft und ist im Hafenbecken gelandet. Entweder haben die Bremsen versagt, der Fahrer ist eingeschlafen oder betrunken gewesen. Der Führer des Fahrzeugs hat wohl versucht sich noch zu retten, aber ist irgendwie hängengeblieben und wurde mitgezogen. Die Hafenpolizei war sofort am Unglücksort, aber es dauerte doch ca. zwei Stunden bis das Autowrack mit dem toten Fahrer hochgezogen werden konnte."

Als Mr. Fisherman von der „Black Horse Off Shore Finance Bank" an diesem Tag sein Büro betrat, hatte schon seine Sekretärin Mrs. Plemont die „Jersey Post" auf seinen Schreibtisch gelegt. Das Foto eines weißen Sportwagens, der gerade aus dem Hafenbecken gezogen wurde, war nicht zu übersehen, die Schlagzeile ebenso wenig: „Tod im Hafenbecken von St. Helier!“ Mr. Fisherman las den dazugehörigen Zeitungsartikel und musste sich erst einmal hinsetzen. Der Tote aus dem Sportwagen war doch tatsächlich Herr van Houten aus Amsterdam. Man hatte seine Papiere fast unversehrt bergen können. Sofort fielen Mr. Fisherman die 500 000 Euro von gestern ein, die noch in seinem Banksafe lagen. In der „Black Horse Off Shore Finance Bank“ ließ man sich bei solchen Angelegenheiten immer etwas Zeit. Die Daten der Ankunft auf Jersey und der Einzahlung sollten möglichst einige Tage auseinander liegen. So konnte man den Weg des Geldes verschleiern. Dies war die Chance für Mr. Fisherman aus St. Helier, der Finanzmetropole Jerseys. Niemand, außer ihm, wusste Bescheid über die 500 000 Euro und das noch einzurichtende Konto 999. Glücklicherweise hatte Mrs. Plemont gestern Urlaub gemacht und wusste nichts von einem Herrn van Houten. Das Bankgeheimnis auf den Kanalinseln zwischen England und Frankreich ist doch eine feine Angelegenheit. Keiner würde nach irgendwelchen Euros des Herrn van Houten auf Jersey forschen. Dieser Herr war nur ein Tagestourist gewesen, der mal mit seinem Oldtimer spazieren fahren wollte und tragischerweise im Hafenbecken sein Ende gefunden hatte. Für Mr. Fisherman bedeutete van Houtens Ende der Anfang eines komfortablen Lebens auf der Blumen- und Sonneninsel Jersey.

DIE STEUER-ERKLÄRUNG

Signore Fabio Castelli lebte schon dreißig Jahre in Deutschland. Als junger Mann war er nach Deutschland gekommen. In Pescara hatte er die Hotelfachschule erfolgreich abgeschlossen, wollte aber in Deutschland sein Glück versuchen. Germania war schon immer sein Traumland gewesen. Er bewunderte die Ordnung und Sauberkeit in Deutschland, obwohl er selbst die italienische Grenze noch nie überschritten hatte und Germania nur aus Erzählungen und Filmen kannte.

Er hatte immer hart gearbeitet, hatte es vom Küchengehilfen bis zum anerkannten Küchenchef eines bekannten Hotels im Münchner Großraum geschafft. Das Hotel „Zum Goldenen Schwan" wurde regelmäßig in diversen Reiseführern lobend erwähnt, besonders die italienische Küche wurde gepriesen. Vor zehn Jahre war es dann so weit. Signore Castelli hatte eifrig gespart, und mit der Mitgift seiner deutschen Frau, der geliebten Elisabeth, konnte er sich ein Restaurant in München-Dagelfing kaufen. In kürzester Zeit war aus dem heruntergekommenen „Zum Blauen Ochsen" mit einer Küche, die außer Weißwürsten und Schweinshaxen nichts zu bieten hatte, ein Feinschmeckerrestaurant geworden. Das „Da Castelli" wurde sogar manchmal von der Münchner Schickeria heimgesucht. Fabio und Elisabeth, nebst ihren beiden Kindern Calogero und Magdalena waren glücklich und zufrieden.

Wie es aber im Leben so ist, das Schicksal schlägt zu, wenn man es überhaupt nicht erwartet, in diesem Fall in Gestalt des Steuerprüfers Sepp Aufinger vom Finanzamt München Riem. Vor einer Woche war die Aufforderung der Behörde per Einschreiben zugestellt worden, Signore Castelli möge doch alle Geschäftsunterlagen der letzten drei Jahre für den Steuerprüfer Aufinger bereithalten. Als Fabios geliebte Elisabeth den Brief öffnete, Elisabeth war für den Schreibkram zuständig, fiel sie beinahe in Ohnmacht. Unterlagen der letzten drei Jahre, sie kämpfte noch immer mit den Ein- und Ausgaben des letzten Jahres. „Fabio, lies mal diesen Brief vom Finanzamt. Es geht um die Steuern der letzten drei Jahre." Nun war es passiert, die Steuerprüfung musste ja mal kommen, seit der Eröffnung seines Restaurants hatte es noch nie eine Prüfung gegeben. Fabio wusste, dass nicht alles in seinem Betrieb hundert Prozent korrekt war. Ein gewisser Prozentsatz der Einnahmen aus telefonischen Pizzabestellungen wurde unter Betriebskosten verbucht. Elisabeth hatte ihren geliebten Ehemann schon mehrfach auf diese Mogelei hingewiesen, Fabio meinte aber, das wäre in der Gastronomie so üblich. Jetzt war guter Rat teuer. An und für sich war Fabio ein gesetzestreuer Mensch. Er liebte ja die Deutschen wegen ihrer Korrektheit und verachtete seine schlampigen Landsleute aus Italia. Wie kam er jetzt aus dieser Situation heraus ohne sein Gesicht zu verlieren? Eine Nachzahlung wäre ja nicht so tragisch, er hatte schon ein paar Euro auf der hohen Kante. Aber sein Ansehen in der Familie und im Bekanntenkreis wäre nichts mehr wert, so etwas war nicht geheim zu halten. Er musste sich einen Plan machen.

Heute um 10:00 Uhr hatte sich Steuerprüfer Aufinger angesagt. Um genau 10:01 Uhr stand Aufinger vor der Tür. Er hatte seine „Dienstkleidung" an, das heißt abgeschabte Lodenjacke mit brauner Cordhose. Unter seinen linken Arm hatte er eine abgewetzte Aktentasche geklemmt. „Darf ich mich vorstellen, Steuerprüfer Aufinger -Finanzamt Riem- zuständig für das Gaststättengewerbe." Fabio war ausgesucht höflich und bat ihn in den Goethe Salon, das Gastzimmer, in dem J. W. Goethe angeblich mal gespeist haben soll (Diese Gasträume gibt es mittlerweile in halb Deutschland!). Steuerinspektor Aufinger schien ziemlich unbeeindruckt. Er hatte sich vorgenommen, diesen Castelli mal so richtig in die Zange zu nehmen, ständig kam es zu Unregelmäßigkeiten bei den italienischen Pizzerien und Ristorantes. „Meine Frau und ich haben schon alle Unterlagen vorbereitet, dort ist ein Kanne Kaffee, lassen Sie sich Zeit und prüfen Sie alles sorgfältig." Aufinger war jetzt allein. Er packte seine Aktentasche aus, legte sich alles sorgfältig zurecht und nahm einen Schluck Tee aus seiner Thermoskanne. Keinesfalls würde er den italienischen Kaffee anrühren. Er hatte einen empfindlichen Magen und bestechen ließ er sich sowieso nicht. Um Punkt 11:00 Uhr, die schwere Standuhr hatte gerade geschlagen, kippte Steuerinspektor Aufinger lautlos von seinem Stuhl. Signore Castelli hatte sich unbemerkt von hinten angeschlichen und ein alter Baseballschläger hatte das Werk vollendet. Draußen auf dem Hof wartete schon ein schwarzer Alfa Romeo mit laufendem Motor, hinter dem Steuer ein gedrungener Mann mit einer Sonnenbrille.

„Fabio, aufstehen, es ist schon 9:00 Uhr. Du weißt ja, dass sich die Steuerinspektion für heute angesagt hat. Du musst noch alle Unterlagen vorbereiten“. Fabio Castelli lag schweißgebadet in seinem Bett, welch ein Horrortraum; er war froh, dass er wieder in der Realität war. Er würde gleich dem Steuerprüfer seine Mogelei beichten, seine Elisabeth hatte ihm dazu geraten. Lieber eine saftige Geldstrafe akzeptieren und nicht später als Steuerbetrüger entlarvt zu werden. Er lebte ja schließlich im korrekten Germania, dem Land seiner Träume.

BLAU GELB

Der VW Golf rollte ganz langsam auf die Kreuzung zu. Linda schaute auf die Landkarte und überlegte, wie sie aus dieser Einöde herauskommen und Richtung Göteborg ihren Ausflug fortsetzen konnten. Sie waren planlos durch die Gegend gefahren und hatten außer einigen Höfen und typischen schwedischen Häuschen nichts gesehen.

Jorek musste mal wieder das Heft in die Hand nehmen und beides, also Autofahren und Karte lesen, meistern. Immer war es das gleiche. Seine ewig nörgelnde Frau Linda konnte keine Karten lesen, und wenn er nach rechts schaute, um die Karte zu studieren, wurde er harsch von seiner Frau angefahren, was das denn solle, ob er ihr wohl nicht traue. Er wolle sie wohl beide noch in den Tod fahren.

Jorek kam auf einem Fahrradweg zum Stehen. Er wusste beim ersten Blick auf die Karte, dass sie links auf die E163 mussten, um mit einer kleinen Autofähre überzusetzen. Dann ging es nur noch ein paar Kilometer südlich weiter, um im schönen Göteborg zu landen.

Ganz in seinen Gedanken versunken hörte er ein starkes Beschleunigen und Bremsen zugleich. Er drehte seinen Kopf nach rechts und sah einen alten roten Volvo um die Kurve schlittern. Das Heck des Wagens brach zuerst heftig nach rechts, dann nach links aus. Nachdem sich dieses Schauspiel noch einmal wiederholt hatte, brachte der anonyme Fahrer das Gefährt wieder unter Kontrolle und gab mächtig Gas. Der Motor heulte auf und der Volvo raste in die Richtung aus der Jorek und Linda gekommen waren.

Linda fluchte über diese schwedischen Autofahrer, die wohl alle ihren Führerschein im Lotto gewonnen hätten. Jorek setzte gerade zu einem Kommentar an, doch Linda fuhr ihm über den Mund. „Du mit deinem Rennfahrerstil stehst diesem schwedischen Rowdy in nichts nach!“ Jorek war eingeschüchtert und verkniff sich seinen Kommentar. Es würde ja doch nichts helfen.

Als sie die Reise in Richtung Göteborg fortsetzten, dachte er an die doch sehr angespannte Situation zwischen ihm und seiner Frau. Dieses Gekeife ging schon einige Jahre so. Er dachte die Reise im Winter nach Schweden würde sie beide wieder enger zusammenschweißen. Kuscheln, Kamin, Sauna und Whirlpool wären wohl das Richtige, um die Ehe zu retten. Sogar Lindas Psychiater, der sich auch Paartherapeut nannte und 350 Euro die Stunde nahm, befürwortete den Plan. Doch schon auf dem Weg in Richtung Travemünde kam es zu einem Streit, der auf einer Erdbebenskala fast die letzte Stufe erreichte. Und dies nur, weil Jorek 10 km/h zu schnell fuhr und die CD von Led Zeppelin einlegte, die ihn an seine wilden 68er Zeiten erinnerte. Man, das waren Zeiten gewesen als er noch einen eigenen Willen hatte und eine Gruppe von linken Intellektuellen anführte. Die „Girls" bewunderten ihn und zickten nicht ständig herum.

Plötzlich riss es ihn aus seinen Träumen, der rote Volvo von vorhin überholte sie mit einem Affenzahn. Das Auto war fast an ihnen links vorbeigezogen, als es blitzartig wieder nach rechts auf ihre Spur zog. Jorek stieg in die Eisen, schlitterte, konnte den Wagen nicht mehr halten und rutschte rechts die Straße herunter. Mit einem lauten Knall kam das Auto an einem dicken Baumstamm zum Stehen. Glas splitterte, die Airbags schossen heraus und Linda, die nicht angeschnallt gewesen war, weil ihr der Sicherheitsgurt angeblich die Luft abdrückte, krachte durch die Frontscheibe. Genau in diesem Augenblick gingen bei Jorek „alle Lichter" aus. Als er wieder aufwachte, schmerzte ihm sein Kopf, der rechte Arm und sein linkes Bein waren lädiert. Er nahm an, dass beide gebrochen waren. Mühsam stemmte er die Fahrertür auf und ließ sich nach draußen fallen. Sofort sah er seine Ehefrau, die zehn Meter vom Auto entfernt blutüberströmt im Gras lag. Jorek schleppte sich zu Linda und sah ihr in die Augen. Sie blinzelte, verlangte vehement, dass er ihr half. Sogar jetzt machte sie ihm mit ihren fordernden Augen Vorwürfe.

Er blickte nach rechts in Richtung Straße, von der er heruntergerutscht war. Der rote Volvo stand dreißig Meter entfernt mit laufendem Motor auf der Fahrbahn. Die Beifahrerseite stand sperrangelweit offen. Das Auto forderte ihn auf einzusteigen. Ein Lächeln umspielte Joreks Mund. Mit einem letzten Blick auf Linda erhob er sich müde, schleppte sich zum blutroten Volvo. Eine grazile Frauenhand streckte sich ihm entgegen und half ihm beim Einsteigen.

DIE ADLERALM

Es ist Ostern in Südtirol, im Tauferer Ahrntal, kurz hinter dem Brenner Pass, nicht weit von dem bekannten Skigebiet „Kronplatz". Das Ahrntal ist wohl eines der ursprünglichsten Täler in Südtirol geblieben. Obwohl auch hier der moderne Skitourismus Einzug gehalten hat, sind die Menschen in diesem Tal bodenständig, naturverbunden und fromm geblieben. Sie glauben an Gott, gehen am Sonntag in die Kirche und feiern ihre kirchlichen Feste, besonders das Osterfest. „Ostern ist das Fest über allen Festen." Aber die Ahrntaler sind auch abergläubisch. Immer wenn die dunkle Jahreszeit mit den winterlichen Schneestürmen beginnt, erzählen die Alten von dem unheilvollen „Schneemenschen", der tödliche Lawinen auslöst. Die jungen Modernen, Jasper und Emma, aus Frankfurt am Main sind natürlich nicht abergläubisch. Sie machen gerade Osterurlaub am Kronplatz, genießen die bestens präparierten Skipisten und wollen aber auch die Region kennenlernen.

Für heute steht das Ahrntal auf ihrem Programm, da es dort eine prima Hütte am Ende des Tals geben soll. Die Wettervorhersage ist gut, sonnig mit ein paar Wolken (Aber in den Bergen weiß man ja nie!). Die beiden Frankfurter haben schon die Hälfte des Weges vom Parkplatz Richtung Hütte zurückgelegt, als ihnen ein hinkendes Männchen entgegenkommt. Die Haare sind zottelig, schneeweiß und ungekämmt. Als sich die jungen Leute ihm nähern, bleibt es plötzlich stehen und schaut zur Bergkette des Riesenferners hoch. Wie aus dem Nichts fliegen mächtige Schneewolken heran. „Schau mal, Emma, es wird bald schneien, wir müssen uns beeilen, damit wir noch rechtzeitig die Adleralm erreichen." „Jasper, wo ist eigentlich das kleine Männchen geblieben, wie vom Erdboden verschwunden? Hast du seine blitzenden Augen gesehen, ganz schön unheimlich!" „Emma, du hast zu viel Fantasie, komm wir wollen uns sputen, ich kann die Adleralm schon sehen." Gerade als Emma und Jasper die Hütte betreten wollen, kommt ihnen der Wirt entgegen. „Macht euch so schnell wie möglich auf den Rückweg, es ist ein Riesensturm angesagt, ich verbarrikadiere gerade alle Fenster. Wenn ihr euch beeilt, könnt ihr noch den Parkplatz erreichen." „Ach, so schlimm wird es wohl nicht werden", meint Jasper. Emma ist aber doch etwas ängstlich und drängt zum Rückweg. Es sind noch keine zwanzig Minuten vergangen, da stecken die beiden Flachländer aus Frankfurt im dicksten Schneegestöber. Glücklicherweise sieht man schon die Lichter auf dem Parkplatz.

Es ist rabenschwarz geworden. Der Wind faucht wie eine Katze, die Schneeflocken sind faustdick. Emma klammert sich an ihren Jasper, als beide einen riesigen Sog verspüren. Beide halten sich an einem Wegschild fest, das den Weg zum Parkplatz anzeigt. Voller Panik bemerken die jungen Leute, dass das Schild wohl nicht mehr lange dem Sog standhalten wird. Da, plötzlich, ist der ganze Spuk vorbei. Es ist fast windstill. Die Wolken haben sich verzogen. Die Sonne strahlt vom Himmel. Emma und Jasper schauen sich um in Richtung Adleralm. Alles ist tief verschneit, die Hütte steht aber noch. Der Parkplatz ist jetzt schnell erreicht und einigermaßen erleichtert steigen die Frankfurter in ihr Auto. Beide sehen noch etwas blass aus und genehmigen sich einen Schluck Tee aus der Thermosflasche. Am nächsten Morgen liest Jasper aus der „Dolomiten Zeitung" vor: „Tödliche Lawine im Ahrntal. Ein tragisches Ende nahm gestern ein Lawinenabgang im Ahrntal in der Nähe der Adleralm, bei dem vier Variantengeher verschüttet wurden und nur noch tot geborgen werden konnten." „ Gut, dass wir noch rechtzeitig die Hütte verlassen haben, Jasper, der kleine krumme Mann war bestimmt der „Schneemensch". Der kam mir gleich so unheimlich vor, der hat auch die Lawine ausgelöst." „Ach, Emma, das sind doch alles nur Gespenstergeschichten der Einheimischen." Und dann folgt ein typischer, gelehriger Jaspervortrag über das Entstehen von Lawinen. Die beiden jungen Leute aus Frankfurt bemerken überhaupt nicht, wie ein kleines, weißhaariges Männchen mit blitzenden Augen die ganze Zeit schon durch das Fenster in ihr Apartment starrt.

HOTEL PINETA

Herr Adam und seine Frau haben dieses Jahr kurzentschlossen zwei Wochen Urlaub in Kroatien gebucht, genauer gesagt in Istrien. Bisher hat das Ehepaar Adam immer an den französischen Küsten ihren Jahresurlaub verbracht. Das liegt natürlich daran, dass Frau Adam eine ausgesprochene Frankreichliebhaberin ist. Kein Wunder, sie ist mit Leib und Seele Französischlehrerin. Der Zeitungsbericht über die istrische Küste war aber so verlockend, dass sogar Frau Adam überzeugt war, man könnte mal das Ferienziel wechseln. Nach einem Zwischenstopp im herrlichen Salzburg landet man im Hotel Pineta in Vrasar, ungefähr dreißig Kilometer nördlich von Rovinj, die italienischste Stadt in Kroatien. Der kleine Hafen von Vrasar hat sich in den letzten Jahren zu einem Touristenzentrum entwickelt. Aber noch immer schaut der Campanile, der Turm inmitten der Altstadt, ungerührt wie schon seit ewigen Zeiten, auf das lebhafte Treiben in der Stadt. Giacomo Casanova soll hier gelebt haben und die Bischöfe von Porec haben jahrhundertelang über Vrasar geherrscht. Und immer wieder hört man fantastische Geschichten von Vampiren, die zusammen mit den slawischen Stämmen nach Istrien gezogen sind.

Frau und Herr Adam haben eine vorzügliche erste Nacht im Hotel verbracht und sitzen nun beim reichlichen Frühstücksbuffet. Sie fühlen sich wohl und freuen sich auf den Urlaub. Am Nebentisch sitzen zwei Damen, die gegensätzlicher nicht aussehen könnten. Die eine, rund und wohlgenährt mit einer rosigen Haut, die andere extrem mager mit langen schwarzen Haaren und einer riesigen dunklen Sonnenbrille, die fast das ganze Gesicht bedeckt. Die wohlgenährte Dame schaufelt gerade ihre zweite Portion Rühreier mit Speck in sich hinein, die magere Frau nippt an einem Glas Blutorangensaft. „Schau mal Helga, was für ein merkwürdiges Paar", bemerkt Herr Adam. Frau Adam lässt sich aber nicht von ihrem gekochten Ei, das sie morgens immer so gerne isst, ablenken. Der erste Ferientag ist schnell vorübergegangen. Das Ehepaar Adam schlendert nach einem leckeren Fischessen über den Markt am Hafen. Herr Adam will noch unbedingt in die Altstadt und die Casanova-Gasse in der Nähe des Campanile finden. Es dämmert schon und die Gassen werden immer verwinkelter. Plötzlich sieht Her Adam die beiden Damen aus ihrem Hotel. Die rundliche atmet schwer, die magere scheint über das Pflaster zu schweben. „Die wollen bestimmt auch in die Casanova-Gasse, wir werden ihnen einfach hinterherlaufen", meint Herr Adam, und tatsächlich landet das Ehepaar Adam in der Casanova-Gasse. Frau und Herr Adam stehen jetzt vor dem Casanova Haus. Wo sind eigentlich die beiden Damen geblieben? Als Herr Adam die verwinkelte Gasse suchend hinunterschaut, hat sich gerade die Tür zu Casanovas Haus geöffnet. Im matten Schein der Straßenlaterne flattern drei Fledermäuse in die Nacht, dumpf fällt die Haustür wieder in ihr Schloss. Herr Adam dreht sich nach seiner Frau um. Dort, wo eben noch seine geliebte Ehefrau gestanden hat, sieht er nur noch ihren bunten Schal auf dem Pflaster liegen.

„Emil, steh doch endlich auf." Herr Adams Ehefrau steht schon fix und fertig auf dem Balkon des Hotelzimmers und schaut auf den Hafen von Vrasar. Der Morgennebel hat sich gerade verzogen. „Du verschläfst den ganzen Tag, Emil, wir müssen noch zum Frühstück". Erleichtert springt Herr Adam aus dem Bett. Die ganze Vampirgeschichte war also nur ein Traum gewesen. „Helga, weißt du, dass ich geträumt habe, du wärst zu einem Vampir geworden, was sagst du dazu?" Frau Adam schaut ihren Ehemann versonnen an.

Als das Ehepaar Adam den Frühstücksraum betritt, fällt Herr Adams Blick sofort auf den Nachbartisch. Da sitzt doch tatsächlich die rundliche, rosige Dame von gestern zusammen mit ihrer mageren Freundin, die wieder an ihrem Blutorangensaft nippt. Gerade, als Herr Adam Platz nimmt, schaut sie auf und lächelt herüber. „Die Dame hat doch ungewöhnlich spitze Zähne", denkt sich Herr Adam, „und der Parfumduft, der in der Luft liegt, kommt mir irgendwie bekannt vor. Ich könnte schwören, dass ich diesen

Duft schon mal gerochen habe." Frau Adam hat sich inzwischen auch einen Blutorangensaft geholt und blickt wie gebannt zum Nebentisch. Herr Adam schaut seine Ehefrau besorgt an und findet, dass sie doch sehr blass aussieht. Der Urlaub wird ihr bestimmt gut tun.

THE HOUND OF TRINITY

„Queen of the Channel, Honeymoon Island, The English Riviera" sind die etwas exotischen Beschreibungen für die Kanalinsel Jersey, die heutzutage den meisten als Steuerfluchtburg bekannt ist. Bernie Ecclestone, zum Beispiel, der „Herrscher über den Formel 1-Rennzirkus" hat seine Millionen irgendwo auf der Insel vor der englischen Steuerbehörde in Sicherheit gebracht. Aber es gibt auch noch andere Seiten der Insel, die mit Gespenstern, Hexen und alten Mythen zu tun haben.

Herr Maier aus Frankfurt, wissbegierig wie er ist, hat sich für seinen Sommerurlaub auf Jersey gründlich vorbereitet. Durch diverse Reiseführer, Internet und Lexika fühlt er sich fit, die Insel zu erforschen. Er weiß natürlich, dass die Insel in verschiedene „Parishes"(Bezirke) eingeteilt ist, die alle ihren eigenen Charme haben sollen. Frau Maier freut sich schon auf die Jersey Küche. Sie soll sehr schmackhaft sein und eine gelungene Mischung zwischen englischem und französischem Essen sein.

Das Hotel „Upton Hill" in St. Helier, der Hauptstadt Jerseys, gefällt den Maiers gut, sie fühlen sich sehr wohl. Am nächsten Tag wollen sie gleich die Insel erforschen. Der nächste Tag ist voller Sonnenschein, keine Wolke ist am Himmel zu sehen, die Maiers sind voller Tatendrang und ahnen nichts Böses. Das erste Ziel ist die „Trinity Church" im Parish „Trinity". Die Kirche soll einen beeindruckenden Turm haben, der aber auch schon mehrfach vom Blitz getroffen wurde. Einige gruslige Geschichten ranken sich um die Kirche und den dazugehörigen Friedhof. Herr Maier ist ein Fan von Spukgeschichten, Frau Maier überhaupt nicht. Zwei Geschichten haben es Herrn Maier besonders angetan. Die erste handelt von der „Blanche Dame", die immer wieder in der Nähe der Kirche auftaucht und Spaziergängern das Fürchten lehrt, da sie wie ein kalter Hauch die Menschen berührt. Die zweite Geschichte handelt von einem riesigen schwarzen Hund mit glühenden Augen, der immer dann auftaucht wenn an der Küste eine Sturmflut droht. Als sich die Maiers der „Trinity Church" nähern, hat sich der strahlend blaue Himmel bezogen. „Franz, wir sollten unsere Regenjacken mitnehmen," bemerkt Frau Maier. „Ja, ja, Charlotte, wird schon so schlimm nicht werden." In diesem Moment ergießt sich ein Sturzbach über das Auto der Maiers. Herr Maier kann gerade noch links in eine Einfahrt einbiegen, die Landstraße ist zu einem Sturzbach geworden. „Schau mal, da öffnet sich ja gerade ein Tor", bemerkt Frau Maier. „Wir fahren einfach auf den Hof bis der Regenschauer vorbei ist, dort ist es geschützter." Herr Maier rollt vorsichtig durch die geöffnete Pforte und bemerkt gar nicht, dass sich das eiserne Tor hinter ihnen wieder geschlossen hat. Der Regen hat sich etwas gelegt und die Maiers erkennen ein aus Steinen errichtetes düsteres Herrenhaus. Jetzt erst bemerkt Herr Maier das wieder geschlossene Tor. „Wir müssen mal läuten, sonst sitzen wir hier ganz schön fest", meint die ängstlich gewordene Frau Maier. Die Maiers steigen aus ihrem Auto und gehen zum Hauseingang. Als sie sich nähern, sehen sie, dass die Eingangstür nur angelehnt ist. „Komm, wir gehen einfach hinein, jetzt wird es spannend". Herr Maier ist in seinem Element. „Franz, mir ist das alles etwas unheimlich, mir ist auch plötzlich so kalt." „Ach, stell dich nicht so an, im Haus wird es dir bestimmt wieder wärmer."

Einige Zeit später, nachdem die Maiers im Haus verschwunden sind, öffnet sich wieder das Hoftor. Ein eigenartiges Gefährt rollt auf den Hof, es sieht aus wie eine altmodische Pferdekutsche ohne Pferde aber mit Motor. Ein schwarz gekleideter Mann springt aus der Kutsche und bewegt sich auf das Herrenhaus zu. Auf der Eingangstreppe lässt er sich plötzlich nach vorne fallen, läuft auf allen Vieren die Stufen hoch und verschwindet im Haus. Die schwere Eichentür fällt dumpf in ihr Schloss.

Am nächsten Tag, gleich auf der ersten Seite der „Trinity Post", steht mit riesigen Lettern: „Einem deutschen Urlauberehepaar sind die „Blanche Dame" und der „Hound of Trinity" begegnet. Danach hat sich folgende

Geschichte ereignet: „Als die Maiers das Herrenhaus betraten, sahen sie sofort eine weiße Gestalt mit ausgestreckten Armen auf sie zukommen. Der Raum war eiskalt, Frau Maier fiel fast in Ohnmacht. Herr Maier schaute wie gebannt auf das sich nähernde Wesen, wich etwas aus, stolperte und viel rücklings auf eine Sitzgelegenheit, die wohl früher einmal ein Sofa gewesen sein muss. Die aufwallende Staubwolke brachte Frau Maiers Stauballergie so richtig zur Blüte. Mindestens zehnmal hintereinander musste sie fürchterlich niesen. Als sich der Staub verzogen hatte, war das weiße Wesen verschwunden. Mittlerweile hatte Frau Maier ihr drittes Päckchen Tempotaschentücher angebrochen, als Herr Maier Richtung Eingangstür schaute. Er glaubte seinen Augen nicht zu trauen. Dort stand ein riesiger schwarzer Hund mit tellergroßen glühenden Augen und fletschte die Zähne. Frau Maier setzte gerade zur zweiten Nieswelle an, diesmal waren es mindestens fünfzehn Nieser. Herr Maier war inzwischen hinter dem Sofa in Deckung gegangen und konnte gerade noch erkennen, wie ein schwarz gekleideter Mann auf allen Vieren durch die Eingangstür nach draußen verschwand."

Die Einheimischen, die an diesem Tag die Schlagzeile und die Geschichte lesen, wissen natürlich, dass die „Blanche Dame" und der „Hound of Trinity" ihr Unwesen getrieben haben und nur Frau Maiers Allergie das deutsche Ehepaar gerettet hätte. Geister und Gespenster mögen einfach kein Niesen.

LITERATUREMPFEHLUNG

Lothar Hutz

Menschlich

ISBN: 978-3-00-037253-7

Die in „Menschlich" erzählten Geschichten ähneln in vielerlei Hinsicht den Erzählungen aus dem zweiten Band. Auch hier werden Episoden aus dem menschlichen Leben skizziert, die es schaffen den Leser zu fesseln aber auch zum Nachdenken und Weiterdenken anzuregen.

Lothar Hutz hat mit seinen Erzählungen seit 2010 an einigen renommierten Schreibwettbewerben teilgenommen.

Erfreuen Sie sich an weiteren Kurzgeschichten und bestellen Sie noch heute das Erstlingswerk von Lothar Hutz in seiner limitierten Edition...

Ausschnitt aus einem Zeitungsbericht RHEIN MAIN PRESSE, Bürstadt, Niklas Bielmeier:
„Beides, sowohl das Reisen als auch der Kopf in Form von Fantasie, spielen in seinem aktuellen Werk eine große Rolle."

Lothar Hutz

Menschlich

Erzählungen

John meinte nur *ganz „cool“*, die Wachen würden heute sowieso nicht kommen, da es regnete.

und Sandstrand werden im Laufschritt genommen.

schlanken Strandschönheiten in ihren knappen Bikinis, die ihn

Die SICHERHEITSLÜCKEN bei der Einführung der neuen Software sind bisher noch nicht geschlossen worden.

„fährt in die Tiefgarage,

„biebt“ sein Fahrzeug mit der Fernbe-

enung heran

in der Masse der Büroangestellten ... e

London Bridge in Richtung U-B... tio

limitierte Edition